Imprimé en Espagne par Liberdúplex
ISBN : 978 2 38015 2944
Dépôt légal : juin 2021

INDEX DES PRÉNOMS

G

H

I

J

L

M

N

O

P

R

Sylvie Brunet

300 expressions qui jouent avec nos prénoms

En voiture Simone !
Tu parles Charles !
Faire pleurer Margot...

Direction éditoriale : Stéphane Chabenat
Éditrices : Clothilde Alaguillaume et Charlotte Sperber
Conception graphique et mise en pages :
Emmanuelle Noël et Nord Compo
Conception graphique de la couverture : olo.éditions

Les Éditions de **l'Opportun**
16, rue Dupetit-Thouars
75003 Paris

www.editionsopportun.com

« Le vieil homme hoche la tête. Il se dit
qu'un pays où les prénoms ne signifient rien
est un bien curieux pays. »
Philippe Claudel,
La Petite Fille de Monsieur Linh, 2005.

SOMMAIRE

AVANT-PROPOS

Les prénoms débordent d'imagination. Ils ne se contentent pas d'exercer leur fonction première en donnant au bébé une identité propre qui le démarque des autres membres de la même famille. Ils se travestissent aussi en noms communs ordinaires pour se glisser dans tous les domaines de la vie courante. Ainsi, un **marcel** est un maillot de corps et une **gertrude** désigne une contrebasse. Un **eustache** est un couteau, **une maryse** est une spatule, une **joséphine**, une fausse clé, **une léontine** est une chaîne de montre de femme, et un **jacquot,** le petit nom donné au levier qui sert aux cambrioleurs à fracturer les portes. De même, un **judas** est une petite ouverture ronde ménagée dans une paroi pour permettre d'épier sans être vu, et un **fiacre** un moyen de locomotion aujourd'hui aussi démodé que le prénom ancien qui lui donna naissance. En poursuivant cet inventaire à la Prévert, on dénichera également un **moïse**, qui désigne un berceau portatif en osier, une dame-**jeanne** qui n'est autre qu'une bouteille ventrue, un **balthazar,** énorme bouteille de champagne, et un canon allemand appelé la grosse **Bertha**.

Autrefois, on pouvait payer avec un **louis** ou un **philippe** et, jusqu'à l'avènement de l'euro, avec un **pascal**.

L'**oscar** et le **césar** sont des récompenses attribuées chaque année, respectivement aux États-Unis et en France, aux meilleurs acteurs, réalisateurs et techniciens du cinéma, tandis que les **gérards** distinguent ce qu'il y a de pire dans le domaine du cinéma comme de la télévision. L'étoile de **David** est un emblème religieux et, depuis la Bible, le **benjamin** de la famille est le plus jeune des enfants. Du côté des cuisines, on n'a que l'embarras du choix. Le gros-**guillaume** désignait jadis un gros pain rustique, que l'on pourra accompagner du saucisson qui s'appelle **rosette** ou **jésus**, ou bien encore d'une **julienne** de légumes et d'un petit **gervais**. Si l'on a encore un petit creux, on pourra conclure par une **madeleine** chère à Proust, ou une **charlotte** qui, de pudding, peut se transformer à l'improviste en chapeau à bord froncé. Et la **jeannette** n'est pas plus facile à saisir puisqu'elle est tour à tour une petite chaîne avec une croix, une planchette à repasser et une petite fille scoute ! Sans parler de ses consœurs, la **marie-louise**, jeune recrue de 1914 ou passe-partout pour cadre, et la **véronique** qui peut faire allusion, selon le contexte, à une plante, un linge ou une passe tauromachique…

Mais là où les prénoms donnent la pleine mesure de leur créativité, c'est sans conteste dans leur aptitude à former des expressions familières, des locutions interjectives, des proverbes et dictons auxquels on a sans cesse recours pour moduler sa pensée. « Tranquille, Émile ! » dira-t-on spontanément à quelqu'un qui s'énerve, « à la tienne, Étienne ! » en trinquant avec quelqu'un, ou « fais du bien à Bertrand, il te le rend en chiant ! » pour stigmatiser un ingrat.

Relevant de la langue orale, ces locutions se nourrissent de tournures argotiques et d'images familières : « Il est camé, Léon ! », « baiser Fanny », ce qui ne les empêche pas de connaître leurs classiques sur le bout des doigts : « Rodrigue, as-tu du cœur ? » De nature joueuse, elles profitent de tous les ressorts euphoniques de la langue française (allitérations et assonances, rimes intérieures et paronymie) : « Allons-y, Alonzo ! », « Gaston, le téléphon », « qui croit guiller Guillot, Guillot le guille », et cultivent volontiers le calembour : « Ça fait la rue Michel. »

Et par-dessus tout, elles sont libres, opérant dans l'indépendance la plus absolue de l'usage traditionnel du prénom. Bien sûr, « en voiture, Simone ! » est on ne peut plus pertinent dans la bouche de Guy Lux à l'intention de Simone Garnier, de même que fonctionne à plein « chauffe, Marcel ! » lancé par Jacques Brel à l'adresse de son accordéoniste Marcel Azzola. Mais si d'aventure c'était Chloé ou Victor qui s'apprêtaient à prendre le départ, ils ne s'étonneraient nullement d'être conviés à monter en voiture sous l'apostrophe de « Simone » ! Pas plus qu'un musicien dénommé Serge ou Nicolas ne prendra ombrage d'être interpellé du nom de Marcel dans la fièvre d'un concert ! Et nul besoin de s'appeler Catherine pour « coiffer Sainte-Catherine » le 25 novembre, ni d'être enregistré à l'état civil sous le prénom de Jacques ou Raymond pour se faire traiter de « Jacques » ou de « Raymond »...

Un trait qu'elles partagent cependant avec toutes les locutions imagées et les dictons populaires, les unit entre elles : ces formules fondées sur des prénoms sont porteuses d'une leçon tirée de l'expérience, d'un enseignement moral ou d'une intention au sens large, présentés généralement sous une figure attractive, qu'on aura facilité à retenir et plaisir à communiquer à autrui : « C'est gros Jean qui en remontre à son curé », « t'as le bonjour d'Alfred ! »

On en découvrira ici quelques trois cents spécimens qui, sans viser à l'exhaustivité, permettent en tout cas de constater à quel point les expressions à base de prénom constituent un réservoir riche, bigarré et vivant. Avec l'espoir que l'entreprise s'apparente davantage au catalogue des ressources de la langue française qu'au recueil de notices pour un musée, on a choisi de ne pas mettre sous cloche les formules des siècles passés en les étiquetant comme « obsolètes », de ne pas distinguer celles qui se sont déjà fanées de celles qui sont en pleine fleur, mais de traiter les anciennes à l'égale des contemporaines, de la même façon que, dans le langage de tout un chacun, coexistent en un ensemble cohérent des tours hérités d'un lointain passé avec les créations les plus actuelles.

DE LA MUSIQUE AVANT TOUTE CHOSE

...Et pour cela préfère la rime ! En paraphrasant Verlaine, on pourrait bien en faire la devise de nombreuses expressions familières forgées à partir de prénoms. Peu importe que le prénom soit très courant ou plus rare, classé dans le palmarès des prénoms du moment ou complètement démodé, puisque le but est de ponctuer un moment de la vie quotidienne (saluer, porter un toast, encourager, rassurer, etc.) d'un trait rieur ! Indispensables dans les échanges oraux d'aujourd'hui, ces expressions sembleraient ne pas remonter au-delà d'une ou deux générations, et pourtant nombre d'entre elles plongent leurs racines dans la verve faubourienne du milieu du XIXe siècle.

L'art de la rime

Où l'on découvre que les prénoms Étienne, Émile, Blaise et Léon sont, à l'insu de leur plein gré, de grands rimailleurs devant l'Éternel...

À LA TIENNE, ÉTIENNE ! Relevée dès la seconde moitié du XIXe siècle, cette formule est aujourd'hui présente dans la bouche des buveurs de toutes les générations, lorsqu'ils se trouvent dans un contexte décontracté et bon enfant. Mieux que les autres expressions qui accompagnent traditionnellement le geste de trinquer (Santé ! Tchin-tchin ! À la bonne vôtre !), celle-ci instaure une immédiate relation de familiarité entre les buveurs, ainsi que le laisse supposer le refrain de la chanson à boire dont elle serait issue :

« À la tienne, Étienne !
À la tienne, mon vieux ! »

« La bouteille n'était pas loin, dans un coin d'ombre sur un degré du porche. Tope et trinque ! *à la tienne, Étienne* ! Jamais plus nous ne boirons si jeunes. » Henri Pourrat, *Les Vaillances, farces et aventures de Gaspard des montagnes*, 1922. Pour exprimer qu'on ne se heurte à aucune difficulté ou que tout se déroule pour le mieux, on a le choix entre plusieurs formules :

FACILE, ÉMILE ! L'expression est devenue courante vers la fin du XXe siècle, et l'Émile en question, prénom qui connut une grande faveur au début du XXe siècle sous sa forme masculine et à la fin du même siècle sous sa forme féminine (Émilie), est souvent employé pour symboliser le « brave franchouillard ». Très fréquente aussi sous sa forme diminutive : « Facile, Mimile ! » par ailleurs célèbre, quant à lui, pour sa méthode (en hommage à *La méthode à Mimile*, manuel d'« argot sans peine » d'Alphonse Boudard paru en 1970) !

LES DOIGTS DANS LE NEZ, RENÉ ! Ces doigts dans le nez, apparus, comme l'établit Esnault, au tout début du xxe siècle dans le langage des turfistes, fut d'abord utilisé pour signifier une course remportée avec facilité. Puis l'image, associée au sans-gêne et à l'insouciance enfantins, s'est répandue pour transcrire toute action réalisée sans se donner de la peine. L'ajout de René, en créant une rime riche, vient apporter sa touche finale au tableau.

En revanche, dans l'expression reprise du *Dîner de cons*, film de F. Veber sorti en 1998, **DANS LE CUL, LULU !**, la rime intérieure due au diminutif affectif de « Lucien » est absolument indispensable pour conférer du relief au signifié d'échec et de déception.

À L'AISE, BLAISE ! Son succès ne s'est pas démenti depuis la deuxième partie du xxe siècle où l'expression a fait son apparition dans le langage oral. Rien à voir avec le philosophe Blaise Pascal, la présence dudit Blaise n'ayant d'autre fonction que d'enrichir d'une assonance l'idée de facilité et de décontraction contenue dans la locution « à l'aise »...

Plus récemment, notre Blaise s'est vu néanmoins investi d'une nouvelle fonction, avec **BALÈZE, BLAISE !** employé pour rendre hommage à quelqu'un qui fait montre d'une force ou d'une maîtrise exceptionnelles.

C'est de nouveau Émile qu'on appellera à la rescousse pour calmer le jeu : **TRANQUILLE, ÉMILE !** Locution qui date également de la fin du xxe siècle et relève de cette tendance consistant, lors d'une situation de crise, à essayer de rétablir le calme à l'aide d'expressions exclamatives (cf. Zen ! On se calme !...) Et la formule déjà rebattue s'est américanisée avec la variante relevée à date récente : TRANQUILLE, BILL !

On pourra aussi obtenir les mêmes effets apaisants par l'évocation d'autres garçons et filles : **RELAX, MAX ! COOL, RAOUL ! PAS DE PANIQUE, MONIQUE !** ou **NO PANIC, MONIQUE !** et **T'FAIS PAS D'BILE, CÉCILE !** Toutes expressions nées, au cours des dernières décennies du XXe siècle, du souci de gratifier son message, par ces rimes incongrues, d'un degré souriant et ludique – note d'humour qui, lorsque le ton monte et que la situation menace de dégénérer, peut s'avérer d'un précieux secours pour faire retomber la pression !

Parmi eux, ce Raoul se révèle multi-usage, puisqu'on peut aussi l'employer pour répondre à quelqu'un qui demande des nouvelles, que « tout va bien » : **ÇA ROULE, RAOUL !** Formule qui est une forme élargie de l'expression « cela roule », employée depuis le milieu du XIXe siècle, selon Delvau, pour dire « aller bien comme santé ou comme commerce ». Mais aussi dans un autre sens, pour donner au contraire un petit coup d'accélérateur, au sens propre, en voiture, ou au sens figuré, lorsqu'une chose ne nous semble pas s'engager ou progresser de façon suffisamment rapide ou assez convaincante : **ROULE, RAOUL !** Et, pour passer à la vitesse supérieure et mettre toute la gomme, on dira, en usant de deux prénoms sentis comme surannés : **FONCE, ALPHONSE ! À FOND, LÉON !**

« Non. Ciao. Maintenant, je fonce Alphonse ! » lançait Jean-Paul Belmondo au début du film de Jean-Luc Godard *À bout de souffle*, en 1960.

Si, comme on le verra plus loin, le Raoul symbolise au XXe siècle l'absolue ringardise (cf. « être Raoul »), le Léon

– qui opère un retour très remarqué dans les choix des prénoms de ce début de XXIe siècle – servait dès le début du XIXe siècle à dénommer un gros bonnet ; et, à partir du milieu du XIXe siècle, l'argot emploie le prénom d'Alphonse pour désigner un proxénète, sens qui sera bientôt connu par tout le monde grâce au succès de la pièce d'Alexandre Dumas fils, intitulée *Monsieur Alphonse* (1873), ainsi que l'établit Colin.

Pour dire à quelqu'un que l'on est sur la même longueur d'onde que lui, que l'on est d'accord en tous points avec lui, s'imposera au début du XIXe siècle la formule : **ÇA COLLE, ANATOLE !**

Et si l'on veut féliciter son interlocuteur de son raisonnement, non sans suggérer avec malice qu'il a été un peu long pour parvenir des prémisses jusqu'aux conclusions, on emploiera la formule apparue également au tout début du XXe siècle : **TOUT JUSTE, AUGUSTE !**

À moins que l'on ne préfère railler la lourdeur de son interlocuteur à l'aide d'une locution beaucoup plus ancienne, relevée dès le XVIe siècle : **TU DIS VRAI, JACQUET !** où ce diminutif moqueur de « Jacques » (lui-même gratifié d'un sens peu sérieux, ainsi qu'on le verra plus loin) se doit d'être prononcé avec un è ouvert en finale si l'on veut préserver la rime intérieure. Celui-ci a pour antonyme tout aussi moqueur : **T'AS TORT, HECTOR !** qui a plus de noblesse, avec son héros troyen, que son diminutif (ou celui de Victor) **« T'AS TORT, TOTOR ! »** très à la mode dans les années 1930, à cause de la chanson éponyme de Georges Milton :

« Totor, t'as tort, tu t'uses et tu te tues.
Pourquoi t'entêtes-tu ? »

Et le contraire fonctionne très bien aussi : **T'AS PAS TORT, TOTOR !,** litote utilisée pour donner raison à son interlocuteur, sachant qu'il y a aussi des adeptes de la formule directe : **T'AS RAISON, LÉON !**

Plusieurs expressions permettent de manifester à son interlocuteur l'intérêt que l'on prend à ses propos : **TU PARLES, CHARLES !** Datée de la fin du XIXe siècle, la formule est suffisamment floue pour se prêter, en fonction du contexte, à plusieurs interprétations : « Ben oui, pour sûr ! Vous m'en direz tant ! J'y crois pas !… »

« … j'apprécie vivement cette survivance ou résurgence de la rime dans la langue de tous les jours, qui double un mot (un verbe le plus souvent) d'un prénom qui lui fait écho : "Tu parles, Charles", "Cool, Raoul", "À l'aise, Blaise", "Tranquille, Émile", sont les quatre exemples qui me viennent spontanément sous la plume. » Jacques Roubaud, *La Dissolution*, 2008.

TU M'ÉTONNES, JOHN ! ou, variante à rime riche plus récemment adoptée, **TU M'ÉTONNES, ELTON !** (Elton John, vous y êtes ?) L'invocation du prénom *british* ne constitue généralement qu'un élargissement de l'expression « tu m'étonnes » qui est de mise depuis la fin du XXe siècle dans les conversations, laquelle ne vise pas du tout à transcrire son étonnement, mais à assurer son interlocuteur qu'on l'écoute et suit ce qu'il dit. Mais on peut simplement en user, sans y mettre d'intention particulière, comme d'une ponctuation approbative du discours d'autrui équivalent à « je ne te le fais pas dire ! ».

Si ce que l'autre raconte est vraiment drôle (ou du moins si l'on veut lui suggérer qu'on le juge tel), on peut depuis quelques années s'écrier : **LOL, ANATOLE !** Ce nouveau rôle confié aux Anatole présente la particularité notable de proposer pour la première fois une expression avec prénom à base d'acronyme, « LOL » signifiant en anglais *laughing out loud*, « rire aux éclats », et s'accompagnant souvent dans le langage concentré des SMS d'un *smiley* au sourire épanoui. Tout le charme de l'expression réside justement dans la rencontre improbable entre la brièveté du sigle anglais récent et la longueur du prénom quelque peu compassé, Anatole.

Un prénom décidément très inspirant, puisqu'on le retrouve attesté dans des domaines divers : ainsi, dans l'argot du XIXe siècle, « Anatole » désignait le président de la cour d'assises, et dans l'argot des musiciens du XXe siècle, c'est le nom donné à une séquence harmonique de jazz (do, la mineur, ré mineur, sol septième) !

Rien n'empêche par ailleurs, lorsqu'on sent l'attention de son interlocuteur s'étioler, d'essayer de la ranimer en piquant sa curiosité : **JE TE LE DONNE EN MILLE, ÉMILE !** Cette expression, où l'on retrouve notre Émile déjà croisé à deux reprises, plus haut, lance un défi à l'autre, pour qu'il essaie de deviner le fin mot de l'histoire, n'eût-il qu'une chance sur mille d'y arriver. Le succès de la formule, qui se prête exceptionnellement au vouvoiement et accepte aussi l'ami Mimile (« j'vous l'donne en mille, Mimile ! ») doit beaucoup, comme le rappellent Bernet et Rézeau, à d'illustres parrains comme Coluche et San Antonio.

À table, les convives pourront se délecter des formules suivantes : **ÇA GLISSE, ALICE !** Employée ici dans un contexte culinaire, pour signifier qu'on n'a pas besoin de se forcer pour ingérer tel plat ou telle boisson, dont on dirait volontiers que « ça fait du bien par où ça passe », l'expression, datée du milieu du XXe siècle, peut également être interprétée, comme le soulignent Cellard et Rey, dans un sens sexuel.

De ces mets excellents et de première qualité, on dira : **C'EST LE FIN DU FIN, SÉRAPHIN !** Apparue vers la fin du XXe siècle, l'expression convoque en bonne logique un nom d'ange pour transcrire l'excellence !

Si l'on n'a pas hérité de la place la plus stratégique autour de la table, nul doute qu'on obtiendra plus facilement des autres convives ce qu'on désire en usant d'un tour humoristique : **PASSE-MOI LE SEL, MARCEL ! PASSE-MOI LE PAIN, ALAIN !** Ne gardant que la forme impérative, on prendra alors soin d'accorder le choix du prénom avec l'aliment ou la boisson souhaités (exemples : **PASSE-MOI L'EAU, JACQUOT ! PASSE-MOI LE RIZ, HENRI**, etc.)

Et lorsque le banquet bien arrosé tirera sur sa fin, si des commensaux peu délicats se mettent à produire divers bruits incongrus, on les rappellera gentiment à l'ordre en recourant aux formules :

TU ROTES CHARLOTTE. Il semblerait que cette locution datée de la fin du XIXe siècle, que Bernet et Rézeau donnent pour vieillie dans les reparties enfantines, connaisse depuis peu un regain de faveur dans un contexte relâché.

TU PÈTES, HUGUETTE ! Là aussi, c'est le secours du prénom rimé, choisi dans ce second cas avec une connotation comiquement ringarde, qui permet de dire à haute voix ce qui, normalement, ne se dit pas. Variante : **TU PÈTES, ARLETTE !**

Et si, au moment de se séparer, un voisin de table, qui a levé le coude plus souvent qu'à son tour, demande à être assisté dans ses manœuvres automobiles, on pourra le guider en usant de la formule apparue au XXe siècle : **RECULE, HERCULE !** ou, prenant le contre-pied de cette expression trop attendue, le déboussoler par l'injonction : Avance, Hercule ! (*id est :* Avance et r'cule !)

Ceux qui ont le goût du risque inscriront sur leur bannière : **AU HASARD, BALTHAZAR !** Dès son apparition, à la fin du XIXe siècle, l'expression se relève aussi sous la forme fautive « à l'hasard, Balthazar ! », qui s'amuse à proposer une ressemblance phonique encore plus étroite entre les deux membres trisyllabiques.

On notera que, plutôt que le roi mage, c'est le Balthazar saint patron des fabricants de cartes à jouer qui est ici convoqué, en raison de son lien direct avec le hasard du jeu. Pour les cinéphiles, *Au hasard Balthazar* est le titre du film de Robert Bresson sorti sur les écrans en 1966.

« (…) la fête n'est pas seulement finie : elle n'a jamais eu lieu et elle n'aura jamais lieu et, bref, allons-y Alonzo. *Au hasard Balthazar*. Tous pour un et un pour tous et advienne maintenant que pourra. » Grégoire Bouillier, *Le dossier M.*, 2018.

Quant à ceux qui estiment avoir été trompés, abusés, ils lanceront avec ironie à la barbe de leur ennemi : **TU VAS ME LE PAYER, AGLAÉ !** Quelque décevant qu'en puisse être le constat, il faut bien l'admettre : Aglaé – qui est malgré tout l'une des trois Grâces de l'Antiquité, ses sœurs ayant pour noms Euphrosyne et Thalie – ne doit sa présence dans cette exclamation qu'aux lois de l'assonance ! Apparue dans la deuxième moitié du XIXe siècle, l'expression connut, ainsi que l'explique Delvau, un tel engouement populaire que, vidée de sens, elle devint bientôt une sorte de locution joker dont on usait à tout propos, et à tort et à travers.

Pour exprimer sa gratitude, on recourra à la formule de verlan : **CI-MER, ALBERT !** à laquelle on s'entendra infailliblement répondre : **DE RIEN, LUCIEN !** (ou Damien, ou Vivien, au choix.)

Enfin, on prendra congé avec force effusions en ces termes : **À DEMAIN, FIRMIN ! FAIS-MOI LA BISE, DENISE !** Et plus théâtralement, pour un congé définitif, il sera de bon ton de rappeler l'ange déjà évoqué : **C'EST LA FIN, SÉRAPHIN !** Expression grandiloquente née au début du XXe siècle, dont Bernet et Rézeau attribuent la paternité à Edmond Rostand, dans sa pièce *L'Aiglon* (1900) où Séraphin Flambeau tient le rôle de l'ancien grognard de la Grande Armée napoléonienne.

On a désormais compris la règle qui préside à la création de ce type d'expression : une formule brève, un prénom dont le choix n'est guidé que par des critères euphoniques et un beau point d'exclamation final !

Mais ces variations sur la rime peuvent aussi revêtir d'autres formes et donner naissance, par exemple, à des comparaisons : **POSÉ COMME JOSÉ.** Incontestable réussite phonique puisque la qualité prêtée audit José ne diffère du prénom que par sa seule consonne initiale.

C'EST COMME LES CHEVEUX D'ÉLÉONORE, QUAND Y EN A PLUS, Y EN A ENCORE ! Éléonore, un prénom qui revient fort ! pourrait-on dire, puisqu'il semble rentré en grâce depuis quelques années. Toutefois, que l'on ne se fasse pas d'illusions : de même que ce José dont on loue le calme et la pondération, Éléonore ne doit sa présence dans cette expression apparue à la fin du XIXe siècle qu'à des nécessités assonantiques (Éléonore/ encore) ! Mais c'est là toute l'habileté des comparaisons qui, par l'évocation d'un trait saillant, semblent conférer aux prénoms cités une existence individuelle.

Et des expressions plus anciennes attestaient déjà de procédés analogues : **JE SUIS MARION, JE GARDE LA MAISON.** « Je ne sors point du logis », dit Oudin pour éclairer cette locution qui avait cours dans la langue populaire du XVIIe siècle. Le prénom de Marion, diminutif de Marie, était connu dès le XIe siècle et fut couramment attribué aux filles de la campagne. À noter qu'un « revire-Marion », toujours à la même époque, s'employait pour désigner un soufflet, une gifle !

NI LAMBERT NI MOLIÈRE. On n'emploie plus guère aujourd'hui cette expression que Rat donnait encore pour courante au milieu du XXe siècle. Empruntée au *Repas ridicule* de Boileau (*Satire III*, 1666), elle servait à déplorer, par l'évocation de l'auteur comédien Molière et de son contemporain, le musicien Michel Lambert, l'absence de personnes importantes à un événement donné.

Quelques locutions exprimant des vérités générales, proverbes, adages et maximes puisent également à la même source :

FAIS DU BIEN À BERTRAND, IL TE LE REND EN CHIANT (ou, version méridionale, « en caguant »). Variation sur un thème proverbial bien connu : l'ingratitude. Bertrand, que l'on aura l'occasion de retrouver plus loin, était couramment employé dès le XVIIe siècle pour incarner un quidam.

On pouvait lui substituer le prénom Martin, lui aussi familier des adages : **FAITES DU BIEN À MARTIN, IL VOUS LE REND EN CROTTIN** ou **FAIS DU BIEN À MARTIN, IL TE CHIERA DANS LA MAIN.** Que l'on préfère Martin à Bertrand et le vouvoiement au tutoiement, le sens reste le même et la formule, qui fait passer sous le vernis de la rime intérieure son image un peu crue, se débite généralement à la cantonade, sur le mode exclamatif, pour se plaindre de la conduite négligente d'une personne dont on aurait justement attendu de la reconnaissance.

C'EST AUJOURD'HUI LA SAINT-LAMBERT, QUI QUITTE SA PLACE LA PERD venant de « Il est aujourd'hui Saint-Lambert ; Qui sort de sa place il la perd » : relevée par Oudin au XVIIe siècle, c'est la formule employée lorsqu'on prend la place d'une personne qui se lève de sa chaise. Littré tente sans conviction de rattacher l'expression à la prise de Troyes datée du jour de la Saint-Lambert de l'an 1590, avant de convenir qu'il ne s'agit peut-être que d'un « jeu de rime ».

« *C'est aujourd'hui la Saint-Lambert, qui quitte sa place la perd*, dit Benjamin au Polonais. – Mon maître vous fermera le bec à tous », répondit Kouski en allant rejoindre Max, qui s'établit à l'hôtel de la Poste. » Honoré de Balzac, *La Rabouilleuse*, 1843.

C'EST AUJOURD'HUI LA SAINT-LAURENT, QUI PERD SA PLACE LA REPREND. Indissociable de la précédente, c'est la phrase que prononce celui qui revient à sa place pour faire valoir ses droits et chasser l'usurpateur qui occupe sa chaise. Substituant à l'évocation des saints un tableau de chasse, la formule en vigueur aujourd'hui serait : « Qui va à la chasse perd sa place » avec pour palinodie : « Qui revient reprend son bien. »

SAINT NICOLAS MARIE LES FILLES AVEC LES GARS. Ici, au contraire, le saint n'est pas convoqué là uniquement pour faire rime, mais fonde bel et bien la locution. Une légende, encore vivace au XIXe siècle, selon Quitard, attribuait à l'évêque saint Nicolas l'habitude de se rendre, la nuit, dans les maisons des filles pauvres pour y déposer des sacs d'argent, afin que, munies d'une dot, elles puissent rapidement trouver un mari !

Quant aux dictons météorologiques fondés sur la musicalité, ils mériteraient à eux seuls de faire l'objet d'un livre entier. On en retiendra seulement deux qui, quoiqu'ils fassent intervenir deux prénoms un peu rétro, sont restés très courants dans la langue populaire :

À LA SAINTE-LUCE, LES JOURS CROISSENT DU SAUT D'UNE PUCE. Comme l'explique Quitard, ce dicton bien connu énonce une réalité qui avait cours avant… 1582 ! Car avant cette date, où il fut décidé d'accorder l'année civile à l'année solaire, les jours allaient diminuant jusqu'au 11 décembre, pour se remettre à croître à partir du 13 (jour de la Sainte-Luce, du latin *lux*, la lumière) qui correspondait alors, comme le 23 aujourd'hui, au lendemain du solstice d'hiver. La longévité du dicton s'explique sans doute autant par l'ignorance populaire que par la forte séduction de la rime alliée à l'image de la puce.

« Il s'était mis à parler, et on l'entendait parfois réciter les jours de tel ou tel mois passé ou futur – avec ses saints et ses fêtes, agrémentés d'adages ayant toujours trait aux couleurs du ciel, et les assujettissant à quelque retour ou règle de fréquence : « *à la Sainte-Luce les jours croissent d'un saut de puce.* » Michel Tournier, *Les Météores*, 1975.

S'IL PLEUT LE JOUR DE LA SAINT-MÉDARD, IL PLEUT QUARANTE JOURS PLUS TARD. On a beaucoup glosé sur le bien-fondé de ce dicton qui associe la menace de pluie avec la date du 8 juin, jour où l'on fête saint Médard, sous un ciel parfaitement serein. Là aussi, il conviendrait de remonter au calendrier en vigueur avant 1582, pour replacer la Saint-Médard au 20 juin, soit la veille du solstice d'été, qui s'accompagne souvent de turbulences atmosphériques. Quant à savoir pourquoi la menace s'élevait au nombre de quarante jours « bousards », comme le disait aussi une autre version du dicton…

Gai ! Rions !

M. et Mme Ate ont un fils. Comment l'appellent-ils ?

Réponse : *Tom.*

M. et Mme Aire ont une fille. Comment vont-ils l'appeler ?

Réponse : *Axelle.*

Ce petit jeu de devinettes sur les prénoms n'est pas nouveau, puisque l'on y jouait déjà dans les cours de récréation des générations précédentes, mais neuf, en revanche, est l'engouement dont il jouit depuis quelques années, où l'on a vu ses amateurs se multiplier, rivalisant de créativité et s'échangeant leurs plus belles trouvailles lors de réunions amicales ou sur les réseaux sociaux. Ici, ce n'est plus la rime qui fait loi, mais le jeu de mots, l'à-peu-près, le calembour – de tonalité souvent plus leste que les deux exemples mentionnés ci-dessus.

Un certain nombre d'expressions usuelles, formées à date récente ou plus ancienne, usent des mêmes ressorts :

ALLONS-Y, ALONZO ! Cette formule gouvernée par la paronomase, rapprochement entre les sonorités ressemblantes de l'impératif du verbe « aller » et du prénom masculin « Alonzo », variante espagnole d'Alphonse, ravive immédiatement les images de J.-P. Belmondo face à Anna Karina, dans le film de J.-L. Godard, *Pierrot le Fou* (1965).

Cette exclamation, empruntée peut-être à l'univers des comédies de Labiche et encore fréquemment utilisée aujourd'hui, était très à la mode dans les années 1960, pour donner le signal du départ, ou se donner du courage pour entamer une entreprise. On notera que ce prénom fait une percée remarquable depuis le début du XXIe siècle. Séduits par ses consonances méditerranéennes, les parents ne semblent guère se soucier d'exposer leur bambin à la scie de ladite formule, qui pourrait bien, après tout, tomber dans l'oubli avant que l'enfant ne soit en âge d'aller à l'école… – ce qui ne l'empêchera toutefois pas de rester la cible des inoxydables « allons au parc » ou, pire encore, « allons au zoo » !

NOYEUX JOËL ! Difficile d'ignorer, depuis quelques années, cette variante parodique du traditionnel « Joyeux Noël ! », mettant en scène, bien malgré lui, le prénom « Joël ». Ce procédé, qui consiste à intervertir les lettres initiales des mots, a été mis à la mode par la marque Perrier, qui se paya le luxe, au début des années 1980, de proposer une publicité où son nom était à décrypter : « Ferrier, c'est pou ! »

Dans le sillage de « Noyeux, Joël ! », on a vu éclore d'autres formules de souhait d'une réussite plus discutable : « Noyez Joël et bonne apnée ! », « Noyez Joël et beaux nénés ! »

C'EST UN NICODÈME. Cette expression, très courante au XIXe siècle, ne constitue pas vraiment un compliment dans la bouche de celui qui l'emploie ! Si Nicodème a un sens défavorable en français, explique La Mésangère, c'est parce qu'on le croit, ainsi que « Nicaise et Nicolas », dérivés de *nice*, c'est-à-dire niais, tandis qu'ils le sont du grec *nikè*, victoire. On est en effet bien loin de la noblesse antique, puisque de Nico-dème à nigaud, il n'y a qu'une toute petite lettre à modifier pour blâmer la bêtise et l'étroitesse d'esprit de quelqu'un – injure devenue si banale qu'elle s'écrivait même, précise Littré, avec un n minuscule à l'initiale ! D'autres commentateurs, délaissant la piste du jeu de mots, préfèrent renvoyer au pharisien Nicodème qui, dans ses échanges avec Jésus, s'avère un peu lent à comprendre les réponses qui lui sont faites…

« Et si t'as honte et malaise de tes sottises, pourquoi qu'tu recommences, espèce de *Nicodème* ! » Georges Bernanos, *Monsieur Ouine*, 1943.

En vertu du dicton latin *Nomen est omen*, qu'on pourrait traduire par « un prénom est un présage », Laurence Sterne écrivait déjà avec humour en 1759, dans son roman *Vie et Opinions de Tristram Shandy :* « Combien de Césars et de Pompées avait-il [mon père] coutume de dire, inspirés par leur seul nom, s'en sont rendus dignes ? Et combien d'hommes eussent brillamment réussi dans le monde si leur vertu et leur esprit n'avaient péri, étouffés sous le nom de Nicodème ! »

VIEUX COMME MATHIEU-SALÉ. Plus étonnant encore que le « Nigaud-dème », cet étrange Mathieu gratifié de l'adjectif « salé » se doit d'être prononcé plusieurs fois à voix haute et à toute vitesse, comme le font les enfants lorsqu'ils débitent des comptines, pour livrer sa véritable identité : Mathusalem ! Calembour qui n'est dû ni à Pierre Dac ni à Coluche, mais circulait déjà au milieu du XIXe siècle pour désigner plaisamment un patriarche, ainsi que le note Delvau.

Et cette autre expression, qui s'apparente davantage au virelangue :

QUI CROIT GUILLER GUILLOT, GUILLOT LE GUILLE. Nombreux sont les dictionnaires à mentionner cette locution proverbiale qui, même si elle n'est plus utilisée de nos jours, peut se targuer d'une longévité remarquable depuis son apparition au Moyen Âge ! Tout le jeu repose sur l'homonymie entre le prénom ancien Guillot, diminutif de Guillaume, et le vieux verbe *guiller* signifiant « tromper », qui n'était déjà plus employé au XIXe siècle que dans cette locution, comme le note Littré. « Tel est pris qui croyait prendre », dirait-on avec le même sens aujourd'hui.

Enfin, on n'aura garde d'oublier ces quelques perles burlesques :

IL EST CAMÉ, LÉON ! Plaisanterie qui s'est répandue dans les dernières décennies du XXe siècle à partir du vocabulaire des drogués, où un « camé-Léon » désignait, comme le note Colin, un gros trafiquant de drogue.

TU RÊVES, HERBERT ! Cette locution opère un rappel brutal à la réalité par l'intermédiaire d'un Herbert qui, selon toute vraisemblance, fut le prénom porté par l'allumeur de « réverbères » du *Petit Prince !* Rien à voir avec **ELLE EST MORTE, ADÈLE !** expression lancée à la fin du XIXe siècle, qui délivrerait une très triste nouvelle si elle n'était par ailleurs grotesque (mortadelle !).

ALLEZ, PAULETTE ! Une exclamation qui fera merveille, tant dans les plaisanteries des petites mains que dans le répertoire du comique troupier, bref partout où l'épaulette a sa place. **VAS-Y, PAULETTE !** Cet encouragement est tout particulièrement de mise dans le contexte du départ d'une course et peut sans problème être lancé à un concurrent masculin, puisqu'il constitue à l'origine un jeu de mots sur le nom de la course de ski de fond qui a lieu chaque année en Suède le premier dimanche de mars depuis 1922, et a pour nom *Vasaloppet !*

Toujours dans le même esprit, pour envoyer une petite fille, qui n'en a pas envie, prendre son bain, on utilisera immanquablement, avec bien entendu l'espoir qu'elle ne s'y ébouillantera pas, l'injonction sans appel :

AU BAIN, MARIE ! Enfin, on a gardé pour la bonne bouche le tour le plus subtil à décoder, qui met en œuvre une plaisanterie dont on se délectait déjà au XIXe siècle : **FAIRE COMME CHARLES,** à savoir attendre, puisque, par essence, Charles attend !

« La fille de Françoise, au contraire, parlait [...] l'argot parisien et ne manquait aucune des plaisanteries adjointes. [...] Voyant que j'attendais une visite, elle fit semblant de croire que je m'appelais Charles. Je lui répondis naïvement que non, ce qui lui permit de placer : « Ah ! je croyais ! Et je me disais Charles attend (charlatan). Ce n'était pas de très bon goût. »

Marcel Proust, *À la recherche du temps perdu*, Sodome et Gomorrhe, 1921.

VALEURS DE RÉFÉRENCE

Quittant les jeux sur la forme et la matière sonore, on se tournera à présent vers un vivier, non moins riche d'expressions à base de prénoms, qui se fonde tout entier sur des allusions de nature historique et culturelle. Impossible d'en saisir tout le sel et plus encore de les employer à bon escient, si l'on n'a pas connaissance du fait précis qui leur a donné naissance, si l'on ne possède pas la grille de références qui permettra de les interpréter. Mais la tâche peut se révéler ardue, tout particulièrement pour les plus anciennes d'entre elles, qui empruntent à un fonds devenu difficile d'accès soit parce qu'il a trait à des événements, des notions et des usages mal connus, soit parce qu'il sous-tend un hommage à des personnages quelque peu oubliés, soit, tout simplement, parce qu'il suppose un bagage de connaissances autrefois communes à une époque mais peu ou plus enseignées aujourd'hui.

« C'est déjà trop d'avoir avec le peuple une même religion et un même Dieu ; quel moyen encore de s'appeler Pierre, Jean, Jacques, comme le marchand ou le laboureur ? [...] Pour nous autres grands, ayons recours aux noms *profanes ; faisons-nous baptiser sous ceux d'Hannibal, de César et de Pompée : c'étaient de grands hommes ; sous celui de Lucrèce : c'était une illustre Romaine ; sous ceux de Renaud, de Roger, d'Olivier et de Tancrède : c'étaient des paladins, et le roman n'a point de héros plus merveilleux ; sous ceux d'Hector, d'Achille, d'Hercule, tous demi-dieux ; sous ceux de Phœbus et de Diane ; et qui nous empêchera de nous faire nommer Jupiter ou Mercure, ou Vénus, ou Adonis ? » (La Bruyère,* Les Caractères, 1687*).*

Quelques miettes de mythologie

Le héros aux mille ruses nous invite à monter à bord de son cheval de Troie pour une visite guidée des expressions issues des grands noms mythologiques.

HEUREUX QUI COMME ULYSSE A FAIT UN BEAU VOYAGE. C'est sous la forme de cet alexandrin qu'est le plus souvent mentionné le héros homérique dans la langue courante. Ce premier vers d'un célèbre sonnet des *Regrets* de Joachim du Bellay, empreint de la nostalgie de la douceur angevine, publié en 1558, s'emploie désormais lors de retrouvailles avec une personne qui rentre d'un voyage long et lointain.

Toutefois, le « beau voyage » d'Ulysse n'ayant pas consisté, comme on sait, en une navigation de plaisance mais en une errance désespérée de dix années, qui ont fait suite aux dix ans de l'effroyable guerre de Troie, une pointe d'ironie peut ne pas être absente de l'emploi de cette expression.

SE CONSOLER DU DÉPART D'ULYSSE. L'expression, encore très courante au milieu du XXe siècle, est un hommage rendu *a contrario* à la légendaire fidélité de l'épouse d'Ulysse, car « se consoler du départ d'Ulysse », c'est précisément se comporter à l'opposé de Pénélope, en menant joyeuse vie en l'absence de son conjoint et en s'empressant de lui trouver un remplaçant sitôt qu'il a le dos tourné.

« Choisir un prénom est si difficile (...) Je suis toujours stupéfait qu'on appelle un enfant Ulysse ; imaginez si le pauvre se retrouve timoré à la vue de son ombre. Et bien sûr, il est toujours risqué d'appeler sa fille Marilyn ou Lolita. C'est le genre de prénom qui ne laisse pas vraiment le choix ; on doit avoir la sensualité dans les veines. » David Foenkinos, *La Tête de l'emploi*, 2014.

C'EST UNE PÉNÉLOPE. En contrepoint de l'expression précédente, cette constatation couramment utilisée au XIXe siècle suggère que la femme dont on parle restera fidèle sans faillir, même dans l'adversité et en dépit des années, à l'élu de son cœur, ainsi que le fit l'incorruptible Pénélope jusqu'à ce que son mari Ulysse revienne dans sa patrie.

C'EST LA TOILE DE PÉNÉLOPE. Pour tenir à distance les prétendants qui la pressaient de choisir parmi eux un époux en remplacement de son Ulysse toujours pas revenu de la guerre de Troie, pourtant finie depuis déjà une décennie, Pénélope avait trouvé un subterfuge : elle ferait son choix dès qu'elle aurait achevé la toile qu'elle tissait. Aussi, pour que ce jour n'arrive jamais, la fidèle épouse avait-elle soin de défaire pendant la nuit ce qu'elle avait tissé le jour durant.

De là cette expression, qui se rencontre aussi sous la forme « c'est l'ouvrage de Pénélope » en est venue à symboliser tout travail, entreprise, projet sans fin, qui donne l'impression de revenir sans cesse à son point de départ.

FAIRE SA CALYPSO. Tandis que Pénélope désespérait de voir un jour revenir son mari, la Nymphe Calypso retenait Ulysse prisonnier depuis qu'il avait fait naufrage sur les côtes de son île. Cette captivité dura neuf années et eût duré bien davantage encore, si les dieux n'étaient intervenus pour sommer la Nymphe de laisser Ulysse s'en aller. Calypso, très éprise d'Ulysse, s'inclina, la mort dans l'âme.

Dire de quelqu'un qu'il « fait sa Calypso » n'a donc rien à voir avec le célèbre navire du commandant Cousteau au milieu du XXe siècle, mais date du XIXe siècle et désigne, par référence au peu d'enthousiasme avec lequel la Nymphe de *l'Odyssée* dut se plier à l'arrêt des dieux, une personne qui fait la tête, qui fait toute une histoire pour accepter quelque chose.

Restons sur le chapitre des femmes associées à la guerre et remontons jusqu'à celle qui fut la cause de tout : Hélène, l'épouse du roi Ménélas, dont l'enlèvement par Pâris fut le point de départ de la guerre de Troie. Reprenant le titre d'Offenbach, on désignera volontiers une femme d'une beauté remarquable de l'expression **LA BELLE HÉLÈNE**, ce qui semblerait un pléonasme pour des auteurs comme La Fontaine qui juge suffisamment éloquente la mention d'« une Hélène ».

LE FARD NE PEUT D'HÉCUBE FAIRE HÉLÈNE... Le Roux de Lincy mentionne cette locution proverbiale au milieu du XXe siècle. À condition de savoir qu'Hécube est la femme du roi Priam, la mère du héros Hector et la belle-mère d'Andromaque, l'enseignement dispensé par l'expression devient transparent : aucun maquillage ne pourra jamais transformer une femme d'âge mûr en une jeune femme dans la fleur de sa beauté !

JOUER LES CASSANDRE. Fille précisément du couple Hécube/Priam, Cassandre a reçu d'Apollon le don de prophétie. Mais pour la punir de se dérober à ses avances, le dieu y ajouta la malédiction de ne jamais être crue lorsqu'elle ferait ses prophéties. Aussi ses sombres prédictions de la ruine de Troie et du désastre qui frapperait les siens ne furent-elles pas prises au sérieux.

D'où cette expression, courante dès le XIXe siècle, qui s'applique à une personne annonçant des événements catastrophiques sans que personne ne consente à l'écouter. La locution est toujours autant employée aujourd'hui, même s'il semble que son sens ait un peu évolué au cours de ces dernières années, pour désigner simplement quelqu'un qui annonce l'imminence d'événements peu agréables.

« Donc, après l'ordre de blocage, je n'ai pas voulu être deux fois marron au même truc, sans compter que j'aurais été un peu vexée, comme chaque fois que Zizi *joue les Cassandre* et que les événements lui donnent raison. » Albertine Sarrazin, *La Cavale*, 1965.

LE FIL D'ARIANE. C'est grâce au secours de la pelote de fil que la fille de Minos, Ariane, lui avait fait dévider derrière lui que le héros Thésée, après avoir tué le Minotaure, put ressortir du Labyrinthe. L'expression, popularisée au XIXe siècle, sert donc à désigner l'élément à ne pas lâcher, à suivre coûte que coûte, pour se sortir d'une situation difficile, pour parvenir jusqu'à la résolution d'un problème compliqué.

C'EST UNE ARIANE. L'expression relevée par Littré désignait couramment au XIXe siècle une femme abandonnée par son amant, comme le fut Ariane par l'ingrat Thésée sur l'île de Naxos.

C'EST SON TALON D'ACHILLE. On se représente fort bien la scène : Thétis tenant fermement son fils bébé par le talon, tandis qu'elle le trempe dans le Styx pour le rendre invulnérable. Ce talon qui n'a pas été immergé, le perdra : Pâris lui décoche une flèche qui, guidée par le dieu Apollon, l'atteint à cet endroit. L'expression a pris, à partir du XVIIIe siècle, le sens figuré de point faible, côté vulnérable et fragile d'une personne.

C'EST UN ACHILLE. En dépit de son talon vulnérable, Achille n'en incarne pas moins le héros valeureux par excellence. Aussi, comparer quelqu'un à un Achille, comme il était de mise de le faire dès le XVIIe siècle, revenait à rendre hommage à son intrépidité autant qu'à sa noblesse naturelle.

C'EST LE NESTOR. On reste là encore dans le registre homérique, puisque Nestor ne fait évidemment pas référence au domestique du capitaine Haddock, mais bien au vieux guerrier plein de sagesse de la guerre de Troie. Dès le XVIe siècle, le Nestor d'une assemblée, d'un cercle, désignait le plus sage et le plus éloquent des vieillards présents.

ÊTRE UN APOLLON / UN ADONIS. Le premier est le dieu de la musique et de la poésie, le second un simple mortel, mais dont Aphrodite en personne est tombée amoureuse. Tous deux incarnent une beauté masculine juvénile dans sa perfection, et être assimilé à eux, comme y invitent ces deux expressions, est un compliment sans prix. Néanmoins, ces prénoms, indépendamment du physique de celui qui les reçoit, peuvent s'avérer un cadeau assez lourd à porter, puisqu'ils sont souvent pris, comme déjà sous la plume de Ronsard, plus en mauvaise qu'en bonne part.

C'EST PAS UN APOLLON ! C'est par cette litote que l'on désigne couramment quelqu'un qui est franchement moche. Et l'on choisira au début du XIXe siècle des termes plus méchants encore, en référence à la plastique parfaite du célèbre *Apollon du Belvédère :* **C'EST L'APOLLON DU RÉVERBÈRE !**

Quant à Adonis, comme le note Littré, il s'appliquera (souvent avec un a minuscule) à un jeune homme un peu trop soucieux de son apparence qui fait le beau, et l'on dira volontiers de quelqu'un qui se croit irrésistiblement beau : **IL SE PREND POUR UN ADONIS !**

C'EST UN NARCISSE. Le blâme se fait plus explicite encore avec cette expression qui stigmatise, dès le XVIIe siècle, un homme amoureux de lui-même, par allusion au Narcisse de la mythologie qui, étant tombé amoureux de son reflet dans l'eau, en oublia le boire et le manger, de sorte qu'il se consuma sur place, donnant naissance à une fleur qui porte son nom.

« Suis-je donc *un Narcisse* ? Pas même : trop soucieux de séduire, je m'oublie. » Jean-Paul Sartre, *Les Mots*, 1964.

C'EST LA CHUTE D'ICARE. Autre présomptueux auquel la mythologie attribue une fin tragique : Icare. Grâce aux ailes faites de plumes et de cire fabriquées par son ingénieux père, Dédale, il parvient à s'échapper du Labyrinthe dont il était prisonnier. Il s'élève alors dans les airs et, oubliant la recommandation faite par son père, il continue de voler toujours plus haut et s'approche si près du soleil que la cire de ses ailes fond… L'expression est passée dans le langage courant pour parler de quelqu'un qui, trop grisé par son ascension, ses succès, pour pouvoir s'arrêter, va trop loin et perd brutalement tout.

UN TRAVAIL D'HERCULE. Déjà, dans son berceau, Hercule, version latine de l'Héraklès grec, fils de Zeus et d'Alcmène, eut à étouffer deux serpents que lui envoyait la jalouse Héra, pour supprimer ce fruit de l'infidélité de son mari ! Sa réputation de force inouïe ne se démentit pas par la suite et « un Hercule » est passé dans le langage courant, dès le XVIe siècle, pour désigner un homme aux performances physiques remarquables. Condamné à s'acquitter de douze travaux requérant une habileté et une force hors du commun (parmi les plus réjouissants desquels, on notera : tuer l'Hydre de Lerne, dont les têtes repoussent au fur et à mesure qu'on les coupe, ou encore nettoyer les écuries d'Augias qui ne l'ont jamais été !), il associe son nom, par le biais de cette expression, à tout type de tâche qui exige des efforts quasi surhumains.

CONTRE DEUX, HERCULE NE PEUT. Ce proverbe, relevé au XIXe siècle par Le Gai, met cependant à mal le mythe herculéen en suggérant qu'un seul homme, fût-il la force incarnée, ne pourra pas venir à bout de deux hommes qui se sont ligués entre eux.

C'EST SON IRIS. Le nom de la divinité qui exerçait la fonction de messagère des dieux est souvent repris par les poètes, note Littré, pour qualifier la femme aimée, ou comme périphrase, afin de ne pas compromettre, en la citant nommément, la dame de ses pensées…

On terminera cet inventaire antique en beauté avec Vénus, qui ne constitue plus seulement le pseudonyme préféré des sites érotiques, mais connaît depuis quelques années en tant que prénom un véritable succès, qui n'est sans doute pas étranger aux performances de la championne de tennis américaine Vénus Williams.

C'EST UNE VÉNUS. Équivalent féminin des Apollon et Adonis contemplés un peu plus haut, c'est le compliment dont rêvent toutes les femmes un tant soit peu jolies. Car Vénus la Romaine, c'est l'Aphrodite des Grecs, à savoir celle des trois déesses à qui le berger Pâris choisit de décerner la pomme de la plus parfaite beauté, en remerciement de quoi la déesse Aphrodite/Vénus lui octroya l'amour de la plus belle des mortelles, Hélène, ce qui marqua la source d'un tas d'ennuis déjà évoqués ci-dessus.

SACRIFIER À VÉNUS. « Il a trop sacrifié à Vénus » titra *Le Journal du peuple*, lorsque le président de la République Félix Faure mourut dans les bras de sa maîtresse, le 16 février 1899. Cette métaphore datée du début du XIXe siècle transcrit plaisamment en termes de rituel religieux l'union charnelle. Et s'il en était encore besoin, on dissipera tout doute en évoquant le « mont de Vénus » de l'anatomie féminine.

LE COUP DE PIED DE VÉNUS. Si Vénus dispense sans compter ses plaisirs, elle délivre aussi ses cadeaux empoisonnés, que l'on évoque à l'aide d'un adjectif forgé à partir de son nom : « vénérien ». Apparue à la fin du XVIIe siècle, cette expression populaire désigne sous une image humoristique les maladies vénériennes que Littré préfère recouvrir, en s'en tenant au jargon médical, de l'étiquette de « mal syphilitique ».

« Banville racontait ces jours-ci que Hugo, après une journée de travail, avait voulu *sacrifier à Vénus* et qu'il s'en était trouvé incapable. » Edmond et Jules de Goncourt, *Journal : mémoires de la vie littéraire*, 1878.

Des restes de religion

Comme on ne se refuse rien, c'est à présent dans la compagnie du tout premier homme apparu sur terre qu'on abordera les expressions nées des personnages qui peuplent la Bible.

LA POMME D'ADAM. Cette expression a été donnée au XVIIe siècle à la partie saillante du cou, le « cartilage thyroïde », explique Delvau, « que le peuple regarde comme la marque de la pomme que le premier homme mangea dans le paradis à l'instigation de la première femme, et dont un ou deux quartiers lui restèrent dans la gorge ».

LE MOUCHOIR D'ADAM. C'est encore Delvau qui, vers le milieu du XIXe siècle, relève cette expression du langage populaire qui sert à désigner les doigts. Et d'autres instruments anachroniques furent de la même façon attribués au premier homme, tels **LE PEIGNE D'ADAM**, expression relevée également au XIXe siècle, ou datée par Colin du milieu du XXe siècle, **LA PINCE D'ADAM** ou encore, remontant au début du XIXe siècle, **LA FOURCHETTE DU PÈRE ADAM** dans la locution **MANGER AVEC LA FOURCHETTE DU PÈRE ADAM.** Peigne, pince comme fourchette ne visant tous trois qu'à proposer, on l'aura compris, une désignation malicieusement imagée des mains.

EN COSTUME D'ADAM. Le premier homme ne disposant pas plus de vêtements que d'outils, dont il n'aurait su que faire au paradis, il faut là encore traduire cette expression née au XIXe siècle en termes d'attributs naturels et lui donner le sens de « nu ». L'expression se décline avec le même sens au féminin : **EN COSTUME D'ÈVE**. Toutefois, peut-être parce que ce « costume » était ressenti comme spécifiquement masculin, on a retouché l'expression au cours du XXe siècle en y introduisant un mot plus en adéquation avec la toilette féminine « en tenue d'Ève ».

UNE FILLE D'ÈVE. On pourrait s'étonner ici que n'existe pas en miroir l'expression « un fils d'Adam ». Pourtant ce n'est nullement un hasard si l'on s'en réfère au sens de cette expression, qui ne vise pas à désigner la Femme en tant que descendante d'Ève, l'héritage de l'éternel féminin, mais s'emploie pour parler d'une femme qui, par ses penchants enclins à la curiosité et à la tentation, se révèle digne fille de l'Ève chassée du paradis !

NE CONNAÎTRE NI D'ÈVE NI D'ADAM. Il est là encore question de filiation dans cette expression apparue au milieu du XVIIIe siècle, et de filiation remontant jusqu'aux origines de l'humanité, puisqu'elle affirme de façon on ne peut plus catégorique qu'une personne nous est inconnue aussi bien du point de vue de la branche féminine de l'humanité que de sa branche masculine ! Et, comme il arrive souvent dans le cas de locutions courantes dont on ne saisit plus très bien la construction, on a spontanément opéré au XXe siècle une réinterprétation de cette expression sous la forme approchante : « Ne connaître ni des lèvres ni des dents » !

Littré mentionne qu'on disait aussi au XIXe siècle : « Il ne m'est ni d'Ève ni d'Adam » pour dire qu'on n'a pas le moindre lien de parenté avec une personne, et, dans le même sens, Le Gai relève, pour parler d'un membre de sa famille très proche : **IL LUI EST UN PEU PLUS QUE D'ÈVE ET D'ADAM.**

SE CROIRE DE LA CÔTE D'ADAM. L'expression relevée par Littré semble avoir aujourd'hui disparu, absorbée par une expression de sens très proche, « se croire sorti de la cuisse de Jupiter », l'une et l'autre s'employant pour railler une personne qui se croit de haute naissance et ne se prend pas pour n'importe qui.

UN FESTIN DE BALTHAZAR. Cette locution fait allusion au banquet somptueux auquel s'adonnait le roi de Babylone, Balthazar, fils de Nabuchodonosor, avec toute sa Cour, lorsqu'un prodige s'accomplit : sortant d'une nuée, apparut une main qui traça une inscription en lettres hébraïques. Comme on le voit dans le tableau de Rembrandt intitulé *Le Festin de Balthazar*, l'inscription causa grand effroi chez le roi et ses proches, car elle les prévenait de l'imminence de la chute du royaume, laquelle se réalisa dès la nuit suivante, où les Perses se rendirent maîtres de la ville. C'est dans l'argot estudiantin du XIXe siècle, note Delvau, que le nom du dernier roi de Babylone est devenu nom commun, « un balthazar » étant synonyme de repas copieux et bien arrosé.

« Voyons, amenez-moi Lucien, que je l'invite à notre *festin de Balthazar*, et que je sois sûre qu'il n'y manquera pas. » Honoré de Balzac, *Splendeurs et misères des courtisanes*, 1847.

BEAU COMME UN JÉSUS. L'expression apparue dans la première moitié du XIXe siècle sert à caractériser une grande beauté alliée à une innocence et à une pureté touchantes, et, en tant que telle, qualifiera volontiers un être jeune, un enfant. Appliquée à un adulte, elle se teinte facilement d'une nuance ironique, ainsi que l'observent Bernet et Rézeau. Dans un sens très proche, on relève également, pour parler d'une beauté délicate, la comparaison : « Comme un Jésus en cire » datée du milieu du XIXe siècle et qui, dépourvue de l'adjectif masculin, présente le notable avantage de pouvoir s'appliquer à une fille.

LE PETIT JÉSUS EN CULOTTE DE VELOURS. On l'entend fréquemment dans la bouche des critiques gastronomiques et des sommeliers pour qualifier un mets ou un vin qui procure au palais et au gosier un contentement intense. L'expression existe depuis la fin du XIXe siècle et fit d'abord intervenir le Bon Dieu lui-même en culotte de velours, ainsi que l'établit le lexicographe lyonnais Nizier du Puitspelu : « Locution d'origine ecclésiastique. Ne se dit pas quand on boit du Brindas, mais un vin chaud, généreux, velouté, pénétrant. »

« Une bouteille de côte-de-Nuits, Gevray-Chambertin 1986. *Petit Jésus en culotte de velours.* » Anna Gavalda, *Je voudrais que quelqu'un m'attende quelque part*, 1999.

Cette métaphore très charnelle nous guide spontanément vers des sens argotiques : dire de quelqu'un qu'il est un « Jésus » peut signifier depuis la première moitié du XIXe siècle qu'il est un homosexuel, sens qu'il partage alors avec **ÊTRE UNE CAROLINE / JEANNETTE**. Et le « jésus » désigne en argot le sexe masculin en érection, ce qui ne laisse place à aucun doute possible sur le sens à attribuer à l'expression populaire datée du XXe siècle : **METTRE LE PETIT JÉSUS DANS LA CRÈCHE.**

ÊTRE UN JUDAS. « Votre fils, votre cher fils, de la douce et franche nature duquel vous pouvez tout espérer [...], l'eussiez-vous, pour tout l'or du monde, appelé Judas ? » (*Vie et Opinions de Tristram Shandy*). On en conviendra avec Sterne : voilà un prénom qui ne doit pas être tous les jours facile à porter, tant les connotations qui lui sont associées continuent d'être très négatives, même aux oreilles peu formées aux récits bibliques. Ainsi, dire de quelqu'un qu'« il est un Judas » revient, dès le XVIIe siècle, à l'accuser de traîtrise, en référence à l'apôtre Judas Iscariote qui trahit Jésus en échange de trente deniers.

UN BAISER DE JUDAS. L'arrestation se faisant de nuit, il fut convenu que le traître Judas désignerait Jésus aux gardes chargés de l'appréhender en lui donnant un baiser. Aussi cette expression désigne-t-elle depuis le Moyen Âge un baiser, une caresse, ou toute marque d'affection hypocrite qu'on donne dans le seul but d'endormir la vigilance d'une personne que l'on veut tromper.

PLEURER COMME UNE MADELEINE. Bien avant de devenir un biscuit proustien, « Madeleine » fut un adjectif grec qualifiant Marie « native de Magdala » qui assista à la crucifixion et à la résurrection du Christ. Par l'Évangile de Luc (8, 2), on sait d'elle que Jésus l'avait délivrée des sept démons qui l'habitaient. La tradition l'a assimilée à la pécheresse repentie qui lava de ses larmes et essuya de ses cheveux les pieds du Christ, mais on n'a pas la certitude que la sainte femme qui assista Jésus et la pécheresse repentie qui demeure anonyme dans le texte de Luc (7, 36) n'aient été qu'une seule et même personne. C'est en tout cas pour cette version que prend parti l'expression **PLEURER COMME UNE MADELEINE**, apparue au XIXe siècle pour qualifier des pleurs intarissables.

FAIRE LA MADELEINE. Cette locution est en quelque sorte l'ancêtre de la précédente, puisqu'on en trouve attestation dès le XIIe siècle, pour désigner quelqu'un qui affecte de se repentir. Littré mentionne également l'expression « une Madeleine repentante » avec le sens de « femme qui se repent de ses erreurs ».

FAIRE SUER LA MADELEINE. Quant à cette expression, citée par Rigaud à la fin du XIXe siècle, elle relève de l'argot des joueurs invétérés et, filant la métaphore de la douleur et des larmes de la pécheresse repentie, sert à transcrire la peine qu'il faut se donner pour parvenir à gagner en trichant !

FAIRE LE JÉRÉMIE. C'est se lamenter à n'en plus finir, en raison des nombreuses lamentations que déploie le livre du prophète Jérémie, dans l'Ancien Testament. On n'en a plus guère conscience, mais c'est également de là que sont nées, à la fin du XIXe siècle, les « jérémiades », ces plaintes et récriminations qui nous sont devenues familières.

FAIRE SON JOSEPH. Là encore, il convient de se reporter à la Bible pour déchiffrer le sens de cette expression, Joseph, fils de Jacob et de Rachel, y repoussant les avances de la femme de son maître, l'eunuque Putiphar (Genèse, 39). Par référence à l'épisode biblique, l'expression signifie donc ne pas céder aux avances d'une femme et, plus largement, jouer les prudes, les candides, revendiquer le titre de pur et innocent. De là, usant du diminutif, **FAIRE SON JOJO** est devenu au XIXe siècle une expression populaire qui avait pour sens, comme le note Delvau, faire son niais, « faire l'enfant, la bête ».

« Pourtant, elle ne se pressait pas, jouant avec lui, soufflant des rires dans son oreille velue, s'amusant des frissons qui passaient sur son épaisse figure. Il serait toujours temps de bâcler ça, si décidément ce pignouf de comte Muffat *faisait son Joseph*. » Émile Zola, *Nana*, 1880.

FAIRE SA JOSÉPHINE. C'est le pendant féminin de la précédente, engendré par la langue familière du XIXe siècle. Son sens s'aligne également sur celui de son modèle masculin, puisqu'il désigne, sans plus de fondement biblique, une femme qui repousse les avances galantes d'un homme. De là qu'une femme qui se donne de grands airs, une « mijaurée, bégueule », comme le note Delvau, sera immanquablement gratifiée du prénom de « Joséphine » !

C'EST L'ARCHE DE NOÉ. Oudin, en 1640, mentionnait déjà l'expression sous la forme « l'arche de Noé, il y a toutes sortes de bêtes », pour désigner un lieu où se côtoyaient des gens très divers. Furetière, à la fin du XVIIe siècle, précise que l'expression s'emploie proverbialement pour parler « d'une maison où il y a plusieurs ménages ». Au XIXe siècle, on l'utilisa pour désigner un « lieu de refuge », sens conforme à son emploi dans la Genèse, où Dieu commanda à Noé de construire un grand bateau et d'y embarquer ses proches ainsi que des représentants de toutes les espèces animales pour repeupler la terre après le Déluge.

Et aujourd'hui ? Il semble que le sens de l'expression continue d'être fidèle à ses origines mais non dénuée d'une pointe d'humour, puisqu'elle s'applique à un lieu où cohabitent en grand nombre gens et animaux de toutes espèces, dans un beau méli-mélo !

LE COMBAT DE DAVID ET GOLIATH. Contre toute attente, le géant philistin armé jusqu'aux dents, Goliath, fut vaincu par le frêle berger plein d'audace, David, qui se servit de sa seule fronde pour abattre son adversaire. Cette expression d'origine biblique s'impose encore aujourd'hui pour parler d'un combat entre des adversaires de forces inégales.

PARENT DE DAVID QUI JOUE DE LA HARPE. La formule est relevée par Oudin au XVIIe siècle et semble au premier abord plutôt mystérieuse. Dès le Moyen Âge, dans l'argot des voleurs, l'outil qui sert à forcer les coffres adopta le nom de « davier », diminutif formé sur « David », qui servait alors à désigner un instrument de menuisier (qu'on suppose avoir été créé par un homme portant le nom de David). Par ailleurs, la harpe étant l'attribut prêté traditionnellement à David, qui en aurait joué pour consoler le roi d'Israël Saül, les cambrioleurs virtuoses du pied-de-biche en firent spontanément une métaphore de leurs instruments. Aussi les escrocs revendiquèrent-ils avec humour le titre de « cousins du roi David ». Dès lors, on l'aura compris : être « parent de David qui joue de la harpe », c'est être tout simplement un voleur !

S'ESCRIMER DES ARMES DE SAMSON. Voilà une expression datée du XIXe siècle dont on aura du mal à entrevoir le sens si l'on n'a pas quelques lumières sur la façon qu'employa Samson pour combattre les Philistins. Doté d'une force surhumaine localisée dans sa chevelure, Samson serait venu à bout de mille Philistins en se servant pour arme de ce qu'il avait à portée de main : une mâchoire d'âne ! Par référence à ce haut fait, on dit burlesquement « s'escrimer des armes de Samson », c'est-à-dire jouer des mâchoires, bien manger !

UN JUGEMENT DE SALOMON. L'histoire est belle autant qu'édifiante : deux femmes qui se prétendaient l'une et l'autre mère du même enfant s'adressèrent à Salomon afin qu'il les départage. L'habile roi ordonna alors de couper le bébé en deux pour que chacune obtienne satisfaction. L'une trouva le jugement équitable, mais l'autre supplia que l'enfant eût la vie sauve et qu'il fût confié à sa rivale. Salomon acquit ainsi la certitude que c'était elle la mère, et lui fit rendre l'enfant. Eu égard à l'issue heureuse et équitable de ce verdict, l'expression de « jugement de Salomon » devrait donc être synonyme de jugement sage et avisé. On l'emploie cependant plutôt dans son sens moderne pour désigner un compromis résultant d'un partage équitable des torts, mais qui ne satisfait vraiment aucune des deux parties.

« — Vous êtes acquitté, monsieur, et vous, l'agent, serez signalé à vos supérieurs. Trois minutes ont suffi, pour rendre ce *jugement de Salomon*. » Paul Morand, *New-York*, 1930.

AVOIR UNE VOIX DE SÉRAPHIN. Revoilà donc notre Séraphin, qui occupait déjà une place de choix dans cet inventaire pour ses potentialités de rimes ! Et la question est toujours d'ordre musical puisque, dans l'Ancien Testament, le séraphin est un ange de la première hiérarchie qui a la particularité d'être pourvu de trois paires d'ailes et d'émettre un chant à la gloire de Dieu d'une douceur exceptionnelle. **C'EST UN VRAI SÉRAPHIN,** dira-t-on aussi de quelqu'un dont le comportement paraît s'apparenter à celui d'un ange.

« Crescentini chantait les horaces, avec *une voix de séraphin* qui sortait d'un visage étique et ridé. » Alfred de Vigny, *Servitude et grandeur militaires*, 1835.

FAIRE SA RÉBECCA. On s'attendrait là aussi à voir se dessiner la silhouette de la femme d'Isaac dans un épisode biblique qui donnerait son sens à cette expression… mais il n'en est rien, car la présence de Rébecca ne s'explique que par un jeu de mots ! En effet, l'ancien verbe « se rebéquer », qui avait cours au XVIe siècle, signifiait « se rebiffer », à la façon d'un oiseau qui donne des coups de bec pour se défendre. Puis la forme « faire du rebec » s'imposa au XVIIe siècle, laquelle fit place, par jeu avec le prénom biblique, à « faire du rébecca », « faire le rébecca » avec le sens de « protester, se révolter », pour en arriver finalement au début du XVIIe siècle à la forme « faire sa Rébecca » qui s'applique désormais à une femme qui proteste avec vivacité, « ne répond qu'avec aigreur aux observations qu'on lui fait » ainsi que l'explique Delvau, précisant au passage qu'une telle femme était couramment affublée du surnom de « mademoiselle Rébecca » !

Une lichette de littérature

Révisez vos classiques ! De Roland au Moyen Âge à la Lolita de Nabokov en passant par l'incontournable couple de Roméo et Juliette, les grands prénoms littéraires sont tous là – ou presque…

FAIRE LE ROLAND. Cette expression, relevée dès le XVIIe siècle par Oudin, évoque le preux chevalier de la chanson de geste datée du XIe siècle, *La Chanson de Roland*, qui combattit fièrement au côté de Charlemagne contre les Maures et mourut en brave à Roncevaux. « Faire le Roland », c'est donc adopter une attitude belliqueuse, faire preuve à la fois de courage et bravoure, mais une pointe d'ironie plane tout de même au-dessus de cette locution avec le choix du verbe « faire », qui suggère une vaillance ostentatoire, exagérée, comme artificiellement mimée.

MOURIR DE LA MORT ROLAND. On disait aussi « être mort de la mort Roland » ou « faire mourir quelqu'un de la mort Roland ». Toutes ces expressions datées du XVIIe siècle demeurèrent transparentes pour les nombreuses générations auxquelles était familière la *Chanson de Roland*. Mais tel n'est plus le cas aujourd'hui, aussi l'allusion à la « mort Roland » (construction syntaxique estampillée à l'ancienne, le complément du nom, comme c'était possible avec le cas du régime de l'ancien français, se trouvant directement juxtaposé, sans la préposition « de ») nécessite-t-elle un éclairclssement : après avoir sonné du cor jusqu'à l'épuisement pour appeler Charlemagne à son secours, Roland, immobilisé par ses blessures, serait mort de soif à Roncevaux, le 15 août, en pleine canicule…

« Mais ce luy fut un tel remord toute sa vie et tant fut alteré qu'il disoit souvent que Pantagruel le tenoit à la gorge, et après quelques années *mourut de la mort Roland…* » François Rabelais, *Pantagruel*, 1542.

AVOIR LES YEUX DE CHIMÈNE. Cette formule, encore très employée aujourd'hui, date du XVIIe siècle et découle d'une satire de Boileau inspirée par la querelle que suscita en 1637 le succès retentissant du *Cid* de Corneille, qui bousculait par trop les règles théâtrales alors en vigueur, laquelle querelle fut sans doute pilotée en sous-main par Richelieu, comme le laissent supposer les vers de Boileau :

En vain contre le Cid un ministre se ligue,
Tout Paris pour Chimène a les yeux de Rodrigue.

La locution « avoir les yeux de Rodrigue pour une dame » fit fortune et on lui forgea bientôt en contrepoint « avoir les yeux de Chimène », pour transcrire un amour absolu et aveugle pour un homme. Seule la seconde expression est restée dans la langue moderne pour désigner une inclination irrésistible qui ne s'assortit pas toujours du plus grand discernement.

RODRIGUE, AS-TU DU CŒUR ? On ne quitte pas le *Cid* avec cette question propre au code de l'honneur, dont va découler toute la pièce, que don Diègue, outragé, pose à son fils (acte I, scène 5). On connaît par cœur la réponse altière que lui décoche le fils, piqué au vif :

Tout autre que mon père
L'éprouverait sur l'heure.

Et on connaît aussi la féroce parodie qui en fut servie peu après à Richelieu, où le noble fils répondait à l'insultante invective en bon pilier de tripot : « Je n'ai que du carreau ! » La citation a conservé quelque chose de cette veine burlesque dans ses emplois actuels, puisqu'on en use souvent, sur un ton humoristique, pour donner du cœur au ventre, du courage (qui, selon les anciens Grecs, avait pour siège, comme toutes les qualités nobles, le cœur), à quelqu'un qui n'a pas l'air de s'engager dans une situation donnée avec un enthousiasme démesuré !

AVOIR L'ÂGE DE JULIETTE. On s'envole pour Vérone rejoindre un autre couple impossible et tragique, avec *Roméo et Juliette* de Shakespeare, dont l'amour est condamné d'avance par l'irréductible antagonisme qui oppose les Capulet aux Montaigu. La Juliette de Shakespeare comptant quinze printemps, l'expression « avoir l'âge de Juliette » s'emploie pour désigner une fille d'âge tendre, aux appas à peine éclos.

C'EST SON ROMÉO. Là où il y a une Juliette, ne tarde pas à se déclarer un Roméo… Forte de cette règle d'or, la double formule s'est généralisée au cours du XXe siècle : c'est son Roméo/c'est sa Juliette. Le Roméo partage ce rôle avec le Jules (« c'est son Jules »), qu'on aura l'occasion de voir de plus près un peu plus bas, ayant aussi en commun avec lui des connotations peu flatteuses d'incurable séducteur ou de gigolo. À ne pas confondre avec notre roucoulant Roméo, le « roméo » servi aujourd'hui dans les bars, qui clame bien haut ses composants : rhum et eau !

C'EST SA DULCINÉE. Encore un prénom lié à l'amour absolu et hors d'atteinte, puisque c'est celui qu'attribue à sa dame le chevalier don Quichotte de la Mancha : Dulcinea del Toboso. Cette forme espagnole dérive de *dulcis*, adjectif latin qui signifie « doux ». Au tout début du XIXe siècle, d'Hautel cite, fidèle à l'esprit du roman de Cervantès alors très en vogue, l'expression ironique « faire la Dulcinée du Toboso » qui sert à désigner « une bégueule, une femme qui s'en fait trop accroire ». Et Delvau note, dans la même veine, que « Dulcinée » s'emploie au sens de « maîtresse, dans l'argot des bourgeois, qui cependant se garderaient bien de se battre pour la leur, même contre des moulins » !

C'EST UNE LOLITA. « *Elle était Lo le matin, Lo tout court, un mètre quarante-huit en chaussettes, debout sur un seul pied. Elle était Lola en pantalon. Elle était Dolly à l'école. Elle était Dolorès sur le pointillé des formulaires. Mais dans mes bras, c'était toujours Lolita.* »

Dès les premières phrases de son roman *Lolita*, publié en 1959, Nabokov imposait non seulement une héroïne palpitante de vie, mais aussi le type de la « nymphette », très jeune séductrice à peine sortie de l'enfance, à la fois provocante et réservée, délurée et innocente. Dans le sillage sulfureux du roman puis de l'expression, Lolita, diminutif, comme Lola, du prénom espagnol Dolorès, a acquis en France le statut de prénom à part entière et connu un succès qui n'a pas faibli depuis les dernières décennies du XXe siècle.

C'EST PERRETTE ET LE POT AU LAIT. L'expression fait allusion à la fable bien connue de La Fontaine, *La Laitière et le Pot au lait* (1678). Elle est couramment employée au XIXe siècle pour symboliser l'écroulement brutal de rêves élucubrés dans leurs moindres détails. À l'instar de la laitière Perrette qui, allant vendre son lait au marché, s'imaginait déjà achetant, avec l'argent qu'elle en retirerait, des œufs qui lui donneraient des poules, qu'elle élèverait dans l'espoir d'un cochon, cochon qu'elle revendrait ensuite, etc. Mais patatras ! la laitière, déjà riche en pensée, trébuche, le pot-à-lait qu'elle portait sur sa tête tombe et le précieux lait se répand, ruinant du même coup tous les espoirs de prospérité de la naïve laitière.

SŒUR ANNE, NE VOIS-TU RIEN VENIR ? Qu'on se prénomme Anne ou Adélaïde, c'est la question que l'on s'entendra infailliblement poser, par plaisanterie, pour peu qu'on donne l'impression de guetter avidement l'arrivée de quelqu'un ! Car cette question, répétée de façon lancinante (« Anne, ma sœur Anne, ne vois-tu rien venir ? ») au moment dramatique le plus intense de *La Barbe bleue*, conte écrit par Charles Perrault à la fin du XVIIe siècle, fait toujours partie de façon très vivante – et très angoissante, à cause de son cabinet verrouillé empli de femmes égorgées ! – de notre imaginaire au XXIe siècle. D'ailleurs, il y aura de fortes chances que l'Anne ou l'Adélaïde apostrophée rétorque sur le même ton en prenant une petite voix nouée : « Je ne vois que le soleil qui poudroie et l'herbe qui verdoie. »

POUSSER DES CRIS DE MÉLUSINE. Cette expression datée du milieu du XIXe siècle, qui met en scène la fée Mélusine, présente au Moyen Âge dans de nombreuses traditions de provenances diverses, fait allusion à la légende contée par Jean d'Arras, au XIVe siècle, dans son *Histoire de Mélusine*. En dépit de l'interdiction qui lui avait été faite, l'époux de Mélusine, Raimondin de Lusignan, épia sa femme au bain et vit ce qui ne devait absolument pas être vu : la fée se transformant en serpent. Condamnée à disparaître, Mélusine reviendra hanter le château de Lusignan pour y annoncer, en poussant toujours d'effroyables cris, la mort prochaine d'un des membres de sa famille.

« "... viens, nous allons nous cacher derrière la porte de la chambre, la bien tenir, et nous entendrons *ses cris de*

Mélusine," dit le bonhomme en tâchant de marcher légèrement… pour gagner sans bruit la galerie sur laquelle donnait une des portes de l'appartement de Jenny. » Eugène Sue, *Atar-Gull*, 1831.

LE GRAIN DE SABLE DE PASCAL. On retourne au XVIIe siècle avec cette expression et l'on retrouve l'écrivain janséniste déjà évoqué plus haut pour son prénom (cf. À l'aise/ Balèze, Blaise !), qui glisse ce grain de sable dans ses *Pensées :* « Cromwell allait ravager toute la chrétienté ; la famille royale était perdue et la sienne à jamais puissante sans un petit grain de sable qui se mit dans son urètre… Le voilà mort, sa famille abaissée et le roi rétabli. »

Ce « petit grain de sable de Pascal » s'est répandu dans la langue courante pour symboliser un tout petit fait qui change entièrement le cours des événements, un détail presque négligeable qui a des conséquences très importantes. Et l'on ne pourra faire autrement que citer une autre formule des *Pensées* de Pascal, tout aussi célèbre, qui se trouve fréquemment invoquée sur le mode du calembour, face à quelqu'un qu'on défie : **TU PARIES, PASCAL ?**

TU L'AS VOULU, GEORGE DANDIN ! Ce George (sans s) Dandin donne son nom à une comédie-ballet de Molière datée de 1668. La pièce est sous-titrée *ou le Mari confondu,* car George Dandin, paysan enrichi qui a épousé une demoiselle de petite noblesse, ne réussissant pas à prouver que sa femme entretient une idylle avec un gentilhomme du voisinage, sera contraint de présenter ses excuses à l'épouse triomphante. Méprisé par ses beaux-parents, raillé par sa femme, il s'en veut surtout à lui-même d'avoir contracté ce mariage au-dessus de sa condition et s'adresse à lui-même force reproches : « Vous l'avez voulu, vous l'avez voulu, George Dandin [...] vous avez justement ce que vous méritez. » (I, 7)

C'est au cours du XIXe siècle que la formule, passant au tutoiement, s'est répandue dans la langue courante, pour signifier à la personne à qui elle s'adresse qu'elle a bien cherché les ennuis qui lui tombent dessus.

C'EST UN BASILE. Non, ce Basile n'a rien à voir avec la « Bande à Basile » qui a entraîné, bon gré mal gré, plus d'un danseur dans sa « chenille » depuis la fin des années 1970, mais est lui aussi un personnage théâtral. L'expression servait à désigner au XIXe siècle quelqu'un de fourbe, hypocrite, par référence au perfide don Basile créé par Beaumarchais dans son *Barbier de Séville* (1775).

BIEN JOUÉ, MARGUERITE ! La formule s'entend encore aujourd'hui, dans les cercles d'amateurs de cartes ou de jeux d'adresse, pour saluer un coup habilement mené (et peu importe que le joueur qui a réussi ce coup soit homme ou femme). Mais si l'on demande à celui (ou celle) qui a lancé l'exclamation de quelle Marguerite il s'agit, il sera sans doute bien embarrassé de fournir une réponse !

De fait, l'exclamation provient d'une pièce intitulée *La Tour de Nesle* (III, 5, 5), drame en cinq actes et neuf tableaux écrit par Alexandre Dumas et Frédéric Gaillardet. De son succès, en 1832, est née cette formule qui s'est répandue au XIXe siècle, et a continué de se transmettre en tant que repartie populaire.

TRANQUILLE COMME BAPTISTE. On reste sur la scène avec ce Baptiste qui appartient lui aussi au registre théâtral, puisqu'il incarnait dans les farces populaires du XVIIIe siècle et de la première moitié du XIXe, le clown sur qui les coups pleuvent de tous côtés, sans qu'il n'y comprenne rien ni se départe de son calme un peu obtus. De là, l'expression s'est popularisée pour parler de quelqu'un qui, dans une situation agitée, fait preuve d'un calme confinant à l'apathie, ou de quelqu'un qui coule des jours heureux, sans souci matériel du lendemain.

Si l'expression est toujours aussi employée aujourd'hui, elle le doit sans doute à la célèbre figure un peu lunaire du mime Baptiste Debureau incarné par Jean-Louis Barrault dans le film de Marcel Carné qui date de 1945, *Les Enfants du Paradis*.

JOUER LES GILLES. Ils tiennent encore le même rôle de nos jours, en Belgique, lors du carnaval, rôle qu'ils doivent peut-être à un célèbre devancier qui se produisait à Paris au XVIIe siècle sous le nom de « Gilles le Niais ». À l'instar de ses cousins germains, le Pierrot et le Jean, que l'on croisera également dans ces pages, le Gille(s) incarne sur les planches des tréteaux de foire le type du nigaud, du bêta que l'on dupe facilement. De là, on appliqua au XIXe siècle l'expression **C'EST UN GILLE(S)**, « c'est un vrai Gille(s) » à un crétin qui se laisse berner à tous les coups.

MARIER JUSTINE. L'expression appartient à l'argot du théâtre et, aujourd'hui encore, tout comédien en scène à qui sera adressée la formule « il faut marier Justine » comprendra aussitôt que le rideau va tomber bien plus tôt que prévu ! Sans en fournir la date exacte, Delvau fait mention de l'événement qui aurait donné naissance à cette formule : comme la représentation d'un nouveau vaudeville des Variétés, intitulé *Thibaut et Justine*, traînait en longueur, suscitant le mécontentement croissant du public, le régisseur eut le coup de génie de crier aux acteurs de « marier Justine » au plus vite, à savoir de précipiter le dénouement pour sauver les meubles !

C'EST UN ANTONY. L'expression fit florès à partir de 1831, date de la première représentation du drame à succès d'Alexandre Dumas intitulé *Antony*, pour désigner en plaisantant un jeune homme jouant au romantique dans les salons. Être atteint d'« antonysme » consistait alors « à se poser en homme fatal, en poitrinaire, en victime du sort, le tout avec des cheveux longs et la face blême », comme raille Delvau en 1867, se félicitant que « cette maladie, combattue avec vigueur par le ridicule, ne fait presque plus de ravages aujourd'hui ».

C'EST UN ROBERT-MACAIRE. Voilà une expression qui faisait froid dans le dos de nos ancêtres du XVIIe siècle ! Le Gai le définit comme le « héros du vice », et dans le panthéon des malfaiteurs et des assassins, le Robert-Macaire semble avoir longtemps occupé une place de choix. Incarné par l'acteur Frédérick Lemaître, Robert Macaire était le héros d'un mélodrame de boulevard qui connut un très grand succès à partir de 1823, *L'Auberge des Adrets* de Benjamin Antier. Flanqué d'un acolyte nommé Bertrand, risible voleur niais toujours roulé par son complice, il est dépeint par Le Gai comme un « fripon audacieux et sans pudeur, dont le métier est de chercher des dupes » tandis que, sous la plume de Larchey, il devient une sorte de gentleman cambrioleur, digne devancier d'Arsène Lupin : « malfaiteur audacieux, spirituellement cynique, affectant en toute occasion les manières d'un homme bien élevé ».

Le personnage du malfaiteur peu recommandable alla même jusqu'à donner son nom à une danse à la mode, « la robert-macaire » qui reprenait les pas de danse exécutés par l'acteur au premier acte de la pièce ! On notera au passage que le prénom Robert semble particulièrement bienvenu pour parler d'un voleur (cf. dérober ou, encore plus évident, l'ancien verbe *rober* qui signifie voler).

« Tu sais que ma mère voulait que je fusse notaire ; je le voulais aussi pour aller faire mon droit là-bas, pour t'aller rejoindre, mais mon père s'y est opposé, disant qu'il n'aurait jamais le moyen de m'acheter une étude, que les notaires d'ailleurs étaient tous des filous et des *robert Macaire…* » Gustave Flaubert, *La Première éducation sentimentale*, 1845.

PRENDRE GAUTIER POUR GARGUILLE. Gautier et Garguille entretiennent eux aussi un rapport avec le théâtre, toutefois aucune des expressions qui les faisaient intervenir dès le XVIe siècle dans les *Satires* de Régnier et leur assurèrent un succès constant pendant plusieurs siècles, ne semble avoir survécu jusqu'à aujourd'hui.

Sur l'origine des deux compères, les avis des commentateurs du XIXe siècle diffèrent : d'aucuns invitent à regarder du côté de Rabelais pour trouver un « bon Gautier », qui désigne un bon compagnon, Garguille y étant, quant à lui, synonyme de « gars rusé ». Quitard, se gardant de citer ses sources, les définit comme « deux bouffons qui jouaient dans les farces » et dont les noms seraient « passés en proverbe pour signifier des personnes méprisables et sans distinction ». D'après Littré, Gautier-Garguille serait le nom double adopté par Hugues Guérin, notoire acteur comique du XVIe siècle, que le langage populaire se serait amusé à disloquer en deux noms séparés qui symboliseraient l'un et l'autre un quidam. Aussi l'expression **PRENDRE GAUTIER POUR GARGUILLE** signifiait-elle confondre deux personnes qui se ressemblent, prendre une personne pour une autre, tout simplement.

« L'incontinence et la lubricité perçaient à travers l'hypocrisie de ses regards… mais n'achevons pas son portrait, de crainte que mes crayons n'occasionnent des applications injustes, et que le lecteur malin ne *prenne Gautier pour Garguille.* » Jean-Louis Fougeret de Monbron, *Margot la ravaudeuse*, 1750.

SE MOQUER DE GAUTIER ET DE GARGUILLE, c'est donc se moquer de tout le monde, de même que : « N'épargner ni Gautier ni Garguille » signifie n'épargner personne, « ni ami ni ennemi », selon La Mésangère. Enfin, constater que, dans un lieu donné « Il y a Gautier et Garguille » revient à dire, avec Oudin, qu'il y a toutes sortes de gens, et « Il n'y a ni Gautier ni Garguille » suggère qu'il n'y a pas un chat !

Un dé d'histoire

Puis on cédera à l'invite de quelques personnalités historiques d'hier et d'aujourd'hui qui ont laissé leur nom et leur prénom dans des expressions courantes.

AU TEMPS OÙ BERTHE FILAIT. L'expression apparaît vers le milieu du XIXe siècle, pour parler d'une époque très lointaine, d'un temps hors du temps, en quelque sorte. On suppose que la Berthe qui a donné naissance à cette locution temporelle était l'épouse du roi Pépin le Bref et la mère de Charlemagne, la « Berthe au grand pied » du roman en vers que le trouvère Adenès composa au XIIIe siècle.

Par l'évocation de cette reine moyenâgeuse occupée à filer, l'idée est non seulement de renvoyer à une époque très ancienne, mais aussi à un ordre du monde où chacun est à sa place : les femmes à leur rouet pendant que les hommes manient l'épée ! L'expression, qui a évolué en même temps que les préoccupations des locuteurs, s'emploiera volontiers aujourd'hui pour parler d'un temps prétechnologique.

ÊTRE CÉSAR OU RIEN. Cette expression – pas plus que les deux suivantes d'ailleurs – ne fait aucunement référence à l'attachant personnage de Pagnol, ni non plus au sculpteur qui a donné son nom à une concrétion de métal destinée à symboliser une distinction dans le domaine du cinéma, mais bien au général romain, celui qui fit franchir à ses troupes le Rubicon. Littré relève l'expression au XIXe siècle, l'appliquant à « un homme qui hasarde tout pour être tout ou rien ». Soit un programme ambitieux qui ne connaît pas de demi-mesure et ne s'arrange pas de tièdes accommodements : égaler Jules César, le grand conquérant des Gaules, ou disparaître !

IL FAUT RENDRE À CÉSAR... D'après l'Évangile, lorsque les pharisiens, qui s'efforçaient de piéger Jésus, lui demandèrent si les Juifs devaient payer l'impôt aux Romains, ce dernier s'en tira habilement en les priant de lui dire ce qui était écrit sur les pièces à l'effigie de l'empereur. « À César », lui répondirent-ils après les avoir scrutées.

« Alors si elles étaient à César, leur rétorqua Jésus, il fallait les rendre à César, de même que ce qui était à Dieu devait être rendu à Dieu » Marc, XII, 13-17 ; Matthieu, XXII, 21 ; Luc, XX, 25).

Respecter chacun en lui donnant ce qui lui est dû : tel était donc à l'origine le sens de cette locution latine, qui ne s'est pas conservé jusqu'à nos jours. En effet, sous forme elliptique, « il faut rendre à César... » s'emploie désormais pour introduire une rectification, pour rétablir dans ses droits le véritable auteur d'une chose qui a été indûment attribuée à quelqu'un d'autre.

LA FEMME DE CÉSAR NE DOIT MÊME PAS ÊTRE SOUPÇONNÉE. Selon l'historien Plutarque (*Vie de César*, 9-10-11), la phrase aurait été prononcée par César lui-même, lorsqu'on s'étonna qu'il répudie sa femme, reconnue innocente du fait que le jeune Clodius se soit introduit chez elle sous des vêtements féminins. La citation latine est devenue d'usage proverbial, et s'emploie encore aujourd'hui pour signifier que ceux qui vivent dans l'entourage très proche du pouvoir doivent être d'une probité et d'une moralité qui ne sauraient être entachées du moindre soupçon.

ÊTRE SORTI DE LA CÔTE DE SAINT LOUIS. Par référence plaisante à la Genèse où Ève tire sa naissance d'une côte d'Adam, l'expression relevée à partir du début du XVIIe siècle s'employait pour railler quelqu'un qui se donnait de grands airs, comme s'il était d'extraction noble. Oudin mentionne des variantes de la locution mettant en scène d'autres rois, réels et fictifs : « Il est sorti de la côte de

Charlemagne », « il est sorti de la côte du roi Artus » (autre forme pour Arthur).

PENSER À LA MORT DE LOUIS XVI. En dépit de son apparence grave, cette expression n'a rien de tragique, puisqu'elle s'emploie – ou plutôt s'employait, car elle semble avoir sombré dans l'oubli – uniquement sur le mode plaisant !

C'est en effet la formule qu'il était d'usage de fournir, à partir du début du xxe siècle, en réponse à la question : « À quoi tu penses ? » Un paravent historique qui se révélait bien pratique soit pour ne pas avoir à dire que l'on ne pensait à rien de particulier, soit pour envoyer promener un interlocuteur un peu trop pressant et avide d'informations à caractère personnel. Mais Cellard et Rey donnent à la locution un sens différent : s'efforcer d'orienter ailleurs ses pensées lorsqu'on est confronté à une situation difficile, douloureuse.

AVOIR DES JAMBES LOUIS XV. Louis XV n'est pas plus présent dans cette locution que Louis XVI ne l'était dans la précédente… Apparue vers le milieu du xxe siècle, cette expression fait allusion au style Louis XV qui se caractérise par des meubles aux pieds galbés. Dire de quelqu'un qu'« il a des jambes Louis XV » revient donc à suggérer qu'il a des jambes arquées, d'une façon beaucoup plus élégante que ne le ferait cette autre expression imagée de sens analogue, « il est né sur un tonneau » !

Et la locution peut également s'appliquer à la gent canine, puisque, comme le relèvent Bernet et Rézeau, « une saucisse à pattes Louis XV » servira à désigner un chien bas sur pattes et en forme de parenthèses, comme le teckel.

C'EST UNE REINE GILLETTE. Relevée à la fin du XVIIe siècle, l'expression est explicitée par Furetière : « Une femme parée qui fait la grande dame, quoiqu'elle soit de peu de considération. » Et pour que l'ironie de la formule soit plus palpable encore, on rendait volontiers les titres de cette reine de pacotille plus ronflants en lui octroyant un royaume fabuleux : « une reine Gillette d'Antioche » !

ÊTRE CUISINIER DE LA REINE GILLETTE. Tel maître, tel cuisinier, dirait-on. Aussi ne sera-t-on pas surpris d'apprendre que la locution se répandit au même moment pour désigner un piètre cuisinier. Littré précise que l'expression valait aussi pour « un mauvais faiseur de livres » qu'on affublait du titre d'« historien de la reine Gillette », et rien n'empêche d'allonger la liste des métiers qui peuvent être exercés par de médiocres représentants : ministre de la reine Gillette, banquier de la reine Gillette, etc.

SE CHAUFFER À LA CHEMINÉE DU ROI RENÉ. Un authentique roi est bien à débusquer dans cette expression relevée au milieu du XIXe siècle par Quitard. Selon lui, la formule serait d'origine méridionale, puisque le bon roi René qui régna au XVe siècle, après avoir dû renoncer à la Couronne de Sicile, rejoignit son comté de Provence. La légende veut qu'il ait eu plaisir à y partager avec les habitants le bonheur simple de se promener au grand air et de s'exposer au soleil, astre qui, par plaisanterie, fut dès lors rebaptisé par ses sujets « cheminée du roi René » !

Dire de quelqu'un qu'« il se chauffe à la cheminée du roi René » signifie donc qu'il profite des bienfaits du soleil.

SE PRENDRE POUR ROBIN DES BOIS. L'expression a commencé à circuler dans les dernières décennies du XXe siècle, occupant bientôt une place de choix dans les petites phrases que les politiques se distillent entre eux.

On notera que le brigand au grand cœur, caché dans la forêt moyenâgeuse de Sherwood, qui détrousse les riches pour donner aux pauvres, n'a pas le beau rôle dans cette locution, qui sert à désigner péjorativement quelqu'un qui se pose en sauveur, se croit personnellement investi de la mission de faire justice. Pour exprimer la même chose, la génération précédente eût sans doute donné la préférence à un autre justicier magnifique : « Il se prend pour Zorro ou quoi ? »

ÊTRE UN RICHARD SANS PEUR. Il y a deux sortes de « Richard », et Oudin les distingue soigneusement dans son relevé d'expressions daté de 1640. Ainsi la locution « être un richard » sert-elle à qualifier un homme riche, avec une nuance de mépris porté par le suffixe péjoratif -ard qui vient s'accoler à l'adjectif riche (cf. ringard, geignard, rigolard...).

Quant à l'autre, celui qui nous intéresse, c'est un prénom d'origine germanique (*ric :* puissant et *hard :* dur) qui fut à l'honneur au Moyen Âge dans le royaume d'Angleterre : Richard Ier dit Cœur de Lion, ou Richard II et Richard III, qui firent l'un et l'autre l'objet d'une tragédie de Shakespeare. Et, plus anciennement, il y eut aussi Richard Ier de Normandie, dit Richard Sans-Peur, qui régna au Xe siècle. C'est à lui que fait référence cette locution apparue au XVIIe siècle, « être un

Richard sans peur », qui s'emploie pour désigner un homme intrépide, plein de hardiesse et de bravoure.

ÊTRE COMME JEANNE D'ARC. Bernet et Rézeau relèvent, apparue vers le milieu du XXe siècle, la locution « se prendre pour Jeanne d'Arc » pour désigner quelqu'un qui « se croit investi d'une mission providentielle », comme l'héroïque petite Jeanne d'Arc qui bouta les Anglais hors du royaume France, au XVe siècle. Un Robin des Bois au féminin, en quelque sorte.

Mais il semblerait que ce ne soit plus le sens attribué couramment aujourd'hui à l'expression « se prendre pour Jeanne d'Arc », et à sa variante récente « être comme Jeanne d'Arc », qui s'emploient désormais sur le mode de la plaisanterie pour suggérer à quelqu'un que, comme la Pucelle, il entend des voix, voire qu'il délire quelque peu en interprétant les événements à partir de propos qu'il est le seul à avoir entendus !

JOUER LES MÈRE TERESA. C'est sous le nom de « mère Teresa » qu'Agnes Gonxha Bajaxhiu, religieuse d'origine albanaise, qui a traversé le XXe siècle (1910-1997), est devenue célèbre pour son action sans relâche auprès des plus pauvres, à Calcutta.

Consécration suprême : vers la fin de sa vie, elle est entrée dans le langage courant pour symboliser le don de soi, le dévouement à autrui. Toutefois, l'expression « jouer les mère Teresa » ou, comme le relèvent Bernet et Rézeau, « se la jouer mère Teresa », n'est pas dénuée d'ironie, puisque le verbe « jouer » dénonce la pose, l'attitude de quelqu'un qui se donne pour rôle de se sacrifier pour les autres.

Y A PAS ÉCRIT « MÈRE TERESA » ! C'est la repartie qu'on lancera, agacé, en désignant du doigt son front, afin de signifier à son interlocuteur qu'on a la très nette impression qu'il requiert de nous beaucoup trop de sacrifices et d'efforts pour lui venir en aide, au lieu d'essayer lui-même de se prendre en main. Sans la gestuelle mais en gardant exactement le même sens, on pourra aussi rétorquer au même interlocuteur la formule : « J' suis pas mère Teresa ! »

LE COMITÉ THÉODULE. On peut dater avec la plus grande précision la naissance de cette expression : elle a en effet vu le jour dans le discours prononcé à Orange par le général de Gaulle, le 25 septembre 1963. « L'essentiel pour moi, ce n'est pas ce que peuvent penser le comité Gustave, le comité Théodule ou le comité Hippolyte, c'est ce que veut le pays », déclama-t-il alors.

De façon tout à fait injuste pour ses acolytes Gustave et Hippolyte, c'est Théodule, cet évocateur « serviteur du dieu » en grec, qui l'a emporté, et l'expression de « comité Théodule » est devenue emblématique de ces multiples commissions d'études qui ne servent à rien d'autre qu'à discutailler interminablement sans faire progresser un sujet en aucune manière.

En guise de conclusion à ce bref parcours historique, quelques têtes nées coiffées qui ont connu leur heure de gloire :

UNE COIFFURE À LA TITUS. Un prénom qui se fait rare et qui n'a pas encore eu droit à un retour en grâce, même auprès des inconditionnels de Racine et de sa Bérénice

(« sans que jamais Titus puisse voir Bérénice… »). Littré explique que, inspirée par les statues de l'empereur romain Titus, l'expression s'emploie pour désigner une coiffure « où les cheveux sont courts avec de petites mèches aplaties sur la tête ». Elle jouit d'un énorme succès sous la Révolution, le Directoire et l'Empire, parce qu'elle permettait, d'après les témoignages de ses nombreuses adeptes, de corriger les inconvénients d'un front trop grand ou de tempes trop découvertes.

UNE COIFFURE À LA NINON. Une fois qu'elle aura essuyé le calembour classique et un peu facile de « celle qui dit ni oui ni non », la Ninon ne manquera pas d'être questionnée sur sa coiffure…

D'après l'anecdote, Ninon de Lenclos, femme de lettres et courtisane du XVIIe siècle, aurait coupé d'un coup de ciseaux sa chevelure magnifique et l'aurait envoyée à son amant, le marquis de Villarceaux, pour lui prouver son amour. Ainsi serait née la « coiffure à la Ninon », coupe courte encadrant le visage de boucles légères et découvrant le front, qui connut un grand succès au XIXe siècle.

« Lorsque les jeunes gens de ce temps le surprenaient dans quelque anachronisme de conduite, il disait que, du moins, il ne souillait pas ses cheveux blancs, car il portait une perruque châtain *à la Ninon*, avec une raie de chair factice, et les plus incroyables et indescriptibles tire-bouchons ! » Jules Barbey d'Aurevilly, *Les Diaboliques*, 1874.

ÊTRE COIFFÉ AUX ENFANTS D'ÉDOUARD. Pour décoder cette expression que Rat donne pour vieillie, on a autant besoin de connaissances picturales qu'historiques.

S'il est avéré que l'évocation a trait aux enfants du roi Édouard IV d'Angleterre, que leur régent d'oncle fit enfermer dans la tour de Londres, elle ne pourra s'interpréter clairement qu'en se rendant au musée du Louvre où est exposé le tableau du peintre Paul Delaroche, daté de 1831 et intitulé *Les Enfants d'Édouard.* À défaut, on pourra lire la fidèle description faite par Anatole France, en 1885, dans *Le Livre de mon ami :*

« Ce jour-là, il [M. Valence, le perruquier] m'accommoda trop lentement la tête à mon gré, et d'une façon que je jugeai bien étrange dès que je pus me regarder dans la glace. Je vis alors les cheveux rabattus et taillés droit comme un bonnet au-dessus des sourcils et tombant sur les joues comme des oreilles d'épagneul. Ma mère était ravie : Valence m'avait véritablement *coiffé aux enfants d'Édouard*. »

La règle du jeu

Rien ne va plus plus ! Mais pas de tapis vert ici, où les expressions avec prénom préféreront se défier à la pétanque, aux courses hippiques ou dans une cour de récré.

BAISER FANNY. Ou « embrasser Fanny » ou, plus explicite encore, « baiser le cul de Fanny » et aussi, plus récentes, « faire fanny », « être fanny » : on a le choix entre toutes ces expressions, auxquelles les dictionnaires s'accordent à donner un seul et même sens.

Ces locutions appartiennent, depuis le XIXe siècle pour les premières et seulement le XXe pour les deux dernières, au langage des joueurs de pétanque, et, se prononçant de préférence *avé l'assen*, s'emploient pour dire qu'on n'a marqué aucun point, qu'on perd la partie sur le score humiliant de treize à zéro. Une humiliation qu'on avait l'habitude de matérialiser par le geste de baiser les fesses nues d'une femme représentées sur un panneau de bois placé à proximité du terrain de jeu. Quoique cette Fanny sonne bien méridionale, d'autres régions (la Savoie, Lyon...) assurent que ce rite infligé aux perdants a pris naissance sous leurs cieux. Parallèlement, on trouve, attestée dès le début du XIXe siècle, la locution « baiser le cul de la vieille », qui s'emploie dans le registre des cartes pour constater qu'on n'a pas fait une seule levée.

« Derrière la cour, les hommes jouaient sur un terrain plat avec des boules de bois cloutées de fer. Sur le mur était suspendu un compte-points offert par une marque d'anis avec une grosse dame aux jupes relevées sur un derrière rose. Celui qui perdait connaissait l'humiliation d'y poser ses lèvres. *Baiser Fanny* ! Cela venait du Midi mais plaisait bien. »
Robert Sabatier, *Les Noisettes sauvages*, 1974.

Toujours dans le vocabulaire des joueurs de pétanque, une autre expression faisant intervenir un prénom féminin s'est imposée au XXe siècle : **FAIRE LA MICHELINE**, qui se dit d'une personne ou d'une équipe se présentant à une partie ou à un concours sans apporter sa propre paire de boules.

POUR UN POINT MARTIN PERDIT SON ÂNE. Selon la légende qui accompagne d'ordinaire cette locution proverbiale, la ponctuation maladroite de l'abbé Martin sur l'écriteau en latin apposé sur la porte de l'abbaye *Asello* aboutissait à produire un message hostile au pèlerin, ce qui aurait déclenché la fureur du pape qui passait par là, lequel aurait aussitôt confisqué à l'abbé malhabile son abbaye ! *Asello*, le nom de l'abbaye, faisant jeu de mots avec *asellus*, petit âne en latin, on en aurait tiré le dicton : « Pour un point (*id est :* un point mal placé) Martin perdit son âne (*id est :* son *asello*). »

Qu'elle tire son origine de cette anecdote burlesque ou d'ailleurs, Oudin donne en tout cas cette expression pour très courante au XVIIe siècle et précise que les « joueurs l'appliquent quand un point leur fait perdre une partie ». Dans un sens plus général, ce proverbe s'emploie encore aujourd'hui pour suggérer qu'il suffit parfois de très peu de chose pour tout perdre.

JOUER À COLIN-MAILLARD. Une personne aux yeux bandés doit réussir, à tâtons, à en attraper une autre, la nommer et c'est alors au tour de celle-ci de prendre sa place en se bandant les yeux. Rabelais fait déjà mention dans son *Gargantua* (I, 22) de ce jeu, prisé des enfants comme des adultes, dont les Grecs de l'Antiquité seraient les lointains auteurs.

Pour expliquer cette expression, qui apparaît aussi sous la forme ancienne « jouer au colin-maillard », on invoque deux noms propres, « Colin », abréviation de Nicolas porteuse du sens péjoratif de « balourd, nigaud » (cf. *infra* l'autre expression où il figure encore, « s'en soucier comme de colin-tampon ») et « maillard », dont on ne sait hélas pas grand-chose, sauf à lui attribuer d'autorité un maillet qui aurait servi pour le jeu. À l'appui de cette thèse, Michel Tournier, dans *Le Vent Paraclet*, évoque Jean Colin-Maillard, au Xe siècle, « un guerrier gigantesque des Flandres » se battant avec un maillet et qui, rendu aveugle par une blessure, aurait continué à combattre, guidé par un valet d'armes...

Toutefois, en furetant dans les dictionnaires de langue française ancienne, tel le Godefroy, on a trouvé mention d'un « maillard » au sens de « canard mâle ». Et comme le « colin », ainsi qu'il est noté dans *L'Encyclopédie* de Diderot et d'Alembert, était également le nom donné au « grisart », cet oiseau de mer au plumage gris de la grosseur d'une oie (on trouve aussi mention au XVIIIe siècle du « canard-colin » pour désigner le grisart), on se risquera à tracer un lien d'intelligence avec notre expression, pour se demander si le nom de ce jeu ne sonnait pas aux oreilles de nos ancêtres comme une plaisanterie sur deux animaux très ressemblants dont l'un devait être capturé pour prendre la place de l'autre (un peu comme on dirait aujourd'hui qu'on cherche à attraper un « pigeon »).

JACQUES A DIT... Cet autre jeu enfantin – dont on assure qu'il remonterait également aux Romains – requiert un maître de cérémonie, surnommé « Jacques », qui somme tous les participants d'exécuter ses ordres. Mais plus que d'obéissance, c'est d'attention dont les joueurs doivent faire preuve, car ils doivent n'obtempérer qu'aux ordres précédés de la mention « Jacques a dit... » et rester au contraire de marbre devant les commandements qui ne sont pas introduits par ladite formule.

Dans les pays anglophones, on préfère à notre maître Jacques un autre prénom biblique qui énonce ses ordres au présent : « *Simon says…* » et au Québec, le jeu s'appelle « Jean dit… » En français, on entend aussi souvent la forme redondante « Jacques-a-dit a dit… », que l'on peut sans doute expliquer non seulement par le fait que la formule lançant le jeu est sentie comme figée en un bloc insécable, mais aussi par l'équivoque avec le nom de la marque de vêtements pour enfants « Jacadi ».

Par référence au jeu connu de tous, où la locution introduit un ordre qui doit infailliblement être exécuté par les participants sous peine d'être éliminés, on pourra lancer à quelqu'un, pour lui laisser plaisamment sous-entendre qu'on désire être obéi sans tergiversations ni délai : « Jacques a dit… range ta chambre ! »

BONJOUR, PHILIPPINE ! Pour ceux qui ont déjà joué à ce petit jeu qui ne requiert en tout et pour tout qu'une poignée d'amandes ou de noisettes et un casse-noix, la formule est familière. Si l'on trouve dans une même coque deux amandes ou deux noisettes, il convient de les partager avec une personne de l'assistance. Lorsque les deux détenteurs des graines jumelles se retrouveront en présence, le premier des deux qui dira à l'autre : « Bonjour, philippine ! » aura gagné un cadeau (ou un baiser) de la part de l'autre.

La coutume n'a rien à voir avec le prénom « Philippine » ni même avec les îles Philippines, mais vient d'une confusion de l'allemand *Vielliebchen* qui signifie « bien-aimé », nom dont le joueur devait honorer, en le saluant, l'autre détenteur de l'amande jumelle (appelée depuis lors « amande philippine »), dans la version allemande d'origine, au début du XIXe siècle.

Par référence à l'expression, le film de Jacques Rozier sorti en 1962, qui contait l'été d'un jeune homme, sur le point de partir faire son service militaire en Algérie, auprès de deux amies aussi inséparables que des amandes « philippines », s'intitulait *Adieu Philippine*.

UN PRIX DE DIANE. On pioche à présent dans le domaine de l'hippisme avec cette expression faisant allusion à une course annuelle très prisée des turfistes, qui met en compétition sur l'hippodrome de Chantilly uniquement des pouliches. La métaphore de « pouliches » étant couramment utilisée pour désigner des jeunes femmes – par tradition nombreuses lors de cette course, où elles rivalisent d'élégance et d'originalité dans leurs couvre-chefs –, on ne s'étonnera pas qu'« un prix de Diane », dans l'argot du milieu du XXe siècle, s'emploie pour qualifier une très belle fille.

« J'ai passé ma semaine amoureux transi... dans les questions, les angoisses. Je me la magnifiais dans mes gambergeades. Jamais j'étais tombé sur un lot pareil, un vrai *prix de Diane* ! Et puis au plumard ce qu'on s'était payé... » Alphonse Boudard, *Les Enfants de chœur*, 1982.

EN VOITURE, SIMONE ! La formule a connu son heure de gloire à la télévision à partir de 1962, dans la bouche des présentateurs de l'émission de jeu télévisé Intervilles, Guy Lux et Léon Zitrone, qui en usaient et abusaient face à leur coprésentatrice, Simone Garnier, pour donner le signal de départ à une épreuve des candidats. Régulièrement prolongée, pour les besoins de la rime, par « c'est moi qui conduis, c'est toi qui klaxonnes ! », la locution invite donc notre Simone à occuper la place du passager.

Place que refusait justement Simone à laquelle l'expression rend hommage, puisqu'il s'agirait de Simone Louise de Pinet de Borde des Forest, qui fut l'une des premières femmes à obtenir son permis de conduire et à devenir pilote automobile dans les années 1920 et qui poursuivit sa carrière jusqu'en 1957. Encore aujourd'hui très vivante, l'évocation de cette alerte Simone sert désormais à des jeunes générations qui n'ont pas regardé Intervilles ni, *a fortiori*, suivi les exploits de ladite pilote automobile, à donner, avec un clin d'œil, le signal du démarrage au sens propre et, au sens figuré, l'impulsion de départ à une action.

Si cela vous chante

C'est bien connu : l'air ne fait pas la chanson. En revanche, le prénom en chanson suffit souvent à faire l'expression qui s'enracinera dans le langage courant !

SE FAIRE CHANTER *MANON*. L'expression est souvent donnée pour prochaine ou imminente : « Oh là là ! je vais encore me faire chanter *Manon* par ma femme, c'est sûr ! » et au ton catastrophé de celui qui l'énonce, on devine que la ritournelle en question n'a rien d'agréable. On s'en étonne : pour quelle raison la perspective d'entendre chanter quelques mesures de l'opéra de Massenet est-elle donc si peu enthousiasmante ?

De fait, il semblerait que cette locution, qui s'est répandue au cours du XXe siècle, ne prenne tout son sens que dans sa version longue, dont on trouve quelquefois la mention « se faire chanter *Manon* sur l'air de *Carmen* ou sur l'air de la *Tosca* ». *Manon* de Massenet interprété sur l'air de *Carmen* de Bizet ou sur celui de la *Tosca* de Puccini, on conçoit que cela puisse devenir réellement cacophonique ! Dès lors, on comprend mieux que la locution puisse être employée au sens d'en entendre de toutes les couleurs, essuyer les reproches, les éclats de colère de quelqu'un.

LA CHANSON DE ROBIN. Oudin nous livre le sens prêté à cette locution au XVIIe siècle : « un discours ennuyeux ». Est-il fait allusion à un Robin particulier, ou n'est-ce là qu'un coup de patte décoché aux pompeux et assommants laïus des « hommes de robe » (avocats, juges, hommes de loi) qui furent surnommés « robins », en vertu de la robe qu'ils portaient, bien sûr, mais aussi parce que le « robin » désignait anciennement un « sot prétentieux » ?

FAIRE COMME ROBIN FIT À LA DANSE. Dans cette locution relevée également par Oudin, on s'apitoie sur la lourdeur et la gaucherie naturelles de ce brave sot de Robin, animé par ailleurs des meilleures intentions, puisque l'expression s'employait pour transcrire la bonne volonté d'une personne qui s'applique à faire de son mieux.

IL SOUVIENT TOUJOURS À ROBIN DE SES FLÛTES. Il semblerait qu'on reste dans le domaine de la musique avec cette expression attestée elle aussi au XVIIe siècle, qui suggère que l'ami Robin, si sot qu'il soit, n'en oublie pas pour autant ce qui touche à ses préoccupations et à ses intérêts – bref, il connaît la musique. À moins que les « flûtes » ne soient ici du pipeau, et que la locution signifie tout autre chose : un ivrogne n'oublie jamais ses bonnes compagnes (les flûtes/verres) !

« Il vint tantost un homme en sa boutique, auquel, en parlant de ses cizeaux (car il souvient tousjours à Robin de ses fleutes), il demanda : “Monsieur, dit-il, que signifie accipe ?” » Bonaventure des Périers, *Les Nouvelles récréations et joyeux devis de feu Bonaventure des Périers*, 1558.

CHANTER RAMONA. Attention, calembour ! serait-on tenté de dire pour présenter cette expression datée du XXe siècle, car elle repose sur le croisement entre une chanson langoureuse en vogue à la fin des années 1920 (« Ramona, j'ai fait un rêve merveilleux. Ramona, nous étions partis tous les deux », à fredonner sans oublier de rouler les r comme Tino Rossi, qui reprend ce succès en 1971) et le « ramona », qui servait couramment à désigner le petit ramoneur savoyard qui criait par les rues pour proposer les services de son *ramon* (nom du balai depuis le XVe siècle) au début de l'automne. Par analogie avec le mouvement du ramoneur qui manie sans ménagement son balai, le verbe ramoner a pris dès le Moyen Âge le sens de rosser, gronder, faire des remontrances.

C'est donc à partir de ce sens figuré, mêlé sans doute à une allusion coquine (« ramoner une femme » employé au milieu du XIXe siècle), que, se modelant sur des expressions anciennes comme « chanter goguette » ou « chanter pouilles à quelqu'un » qui signifiaient déjà injurier, enguirlander, la locution « chanter Ramona à quelqu'un » est devenue synonyme de le réprimander, le semoncer vertement.

PAS DE ÇA, LISETTE ! Une chanson est également associée à cette expression, qui connut un grand succès tout au long du XIXe siècle et fut encore en faveur une bonne partie du XXe siècle. « Non ! non ! vous n'êtes plus Lisette ! » disait la chanson populaire du célèbre parolier du XIXe siècle, Béranger. Qui ne serait toutefois pas à l'origine de la formule, puisque Larchey assure que « l'expression se trouve déjà dans une brochure publiée en 1786, *L'Âne promeneur* ».

Qui pouvait donc bien être cette Lisette ? Ce prénom diminutif de Louise était traditionnellement donné aux grisettes, aux soubrettes, et par référence au costume de la soubrette, devint même un nom commun, « une lisette », qui désignait au XIXe siècle un gilet long… Grisette ou soubrette, quelqu'un en tout cas qui ne se comporte pas comme il le faudrait, qui outrepasse les bornes, et a besoin d'être fermement rappelé à l'ordre, de se voir opposer un refus catégorique puisque tel est le sens de ce toujours très mystérieux « pas de ça, Lisette ! ».

« Et puis un chômeur… les menaces qu'il faisait contre la maison… voyez-vous qu'un jour qu'il ait bu, il vienne fiche le feu aux Hirondelles ? Pas de ça, Lisette ! qu'il a dit, Jules. » Louis Aragon, *Les Voyageurs de l'impériale*, 1947.

À ce stade-là, la référence, la citation relèvent de l'automatisme, du réflexe de nature pavlovienne qui font qu'à chaque fois que le prénom se trouve évoqué, il provoque le surgissement spontané d'une bribe culturelle commune à tous, ou du moins aux membres d'une même époque.

FRÈRE JACQUES, DORMEZ-VOUS ? Le petit couplet de quatre lignes qui se chante en canon à quatre voix date du XVIIe siècle et a fait le tour de la terre sous différentes identités : John en anglais, Jakob en allemand, Martino, Martinillo en espagnol et en italien, Jorge en portugais, Ivan en russe…

Dans toutes les versions, il s'agit de rappeler à son devoir le religieux chargé dans les monastères de sonner les « matines », terme liturgique aujourd'hui mal compris qui désignait l'office catholique célébré avant le lever du jour. Mais peu importe : l'humaine « panne d'oreiller » du frère Jacques (ou de ses *alter ego*), ainsi que l'onomatopée imitative des cloches (*dig-ding-dong*) suffisent à garder la chanson enfantine bien vivante.

C'EST LA MÈRE MICHEL QUI A PERDU SON CHAT. Tout le monde connaît la chanson et pourtant on ne sait pas grand-chose d'elle : ni qu'elle existe depuis l'année 1820, ni qu'elle est anonyme, ni que sa musique, bien plus ancienne, servit au XVIIe siècle à chanter les hauts faits du maréchal de Catinat, ni non plus qu'il en existait une version qui finissait très mal, où le père Lustucru assenait à la pauvre mère Michel, sur l'air du tra déridéra et tra la la : « Votre chat, il est perdu ! »

MICHELLE, MA BELLE. « Michelle, ma belle, sont des mots qui vont très bien ensemble… » : à chanter absolument avec un accent *british* très prononcé pour que la référence aux Beatles ne fasse aucun doute. Datée de 1965, elle demeure, avec son pendant masculin « Hey, Jude », qui fut d'abord « Hey, Jules », composé par Paul McCartney en 1968, l'apostrophe féminine la plus connue des quatre garçons dans le vent, et fut responsable en son temps d'une notable recrudescence de « Michelle » de par le monde.

PROSPER YOP-LA-BOUM !

« Prosper, yop-la-boum ! c'est le chéri de ces dames
Prosper, yop-la-boum ! c'est le roi du macadam ! »

Cette chanson de Maurice Chevalier qui date de 1935 dut autant son succès à l'audace gouailleuse du portrait de ce Prosper, souteneur à Pigalle, qu'à l'onomatopée de son refrain, qui constitua un antidote très efficace à la morosité ambiante de l'entre-deux-guerres. Les publicitaires ne s'y trompèrent d'ailleurs pas, en le récupérant dans les années 1980, pour faire clamer par le brave ours Prosper, VRP chez Vandamme : « Prosper, yop-la-boum ! c'est le roi du pain d'épices ! »

FÉLICIE AUSSI ! Composée en 1939, la formule est restée jusqu'à aujourd'hui un morceau d'anthologie humoristique que Fernandel excellait autant à chanter qu'à mimer :

« Je pris un homard sauce tomate
Il avait du poil aux pattes
Félicie aussi. »

QUAND JE PENSE À FERNANDE. Félicie rime également avec « aussi » pour Georges Brassens dans sa chanson *Fernande* datée de 1972. Mais c'est bien sûr la dénommée

Fernande qui est au cœur du propos : « Quand je pense à Fernande, je bande, je bande… » Une chanson résolument provocatrice à une époque où les émois glandulaires commençaient timidement à se mettre en paroles.

ANNIE AIME LES SUCETTES À L'ANIS. Quelques années avant la *Fernande* de Brassens, en 1966, Serge Gainsbourg choisit le camp de la métaphore pour cette chanson écrite à l'intention de la jeune France Gall, qui confessera quelques années plus tard l'avoir interprétée en toute innocence.

Et toute la France reprit en chœur l'antienne de ces sucettes enfantines, où seuls les esprits mal tournés osaient décrypter la malice qu'y avait mise leur auteur : « Pour quelques *pennies*… », « Et lorsque le sucre d'orge coule dans la gorge d'Annie, elle est au paradis. »

DOMINIQUE NIQUE-NIQUE... Une association qui n'a pas attendu Dominique Strauss-Kahn pour s'imposer, puisqu'elle fut un succès de l'année 1963. Le sel de l'affaire est qu'elle a été composée et interprétée par sœur Sourire, une jeune religieuse belge du nom de Jeanine Deckers, qui s'accompagnait de sa guitare pour chanter à la gloire de saint Dominique :

« Dominique-nique-nique
S'en allait tout simplement,
Routier pauvre et chantant… »

Depuis lors, le succès de l'association rimée ne s'est pas démenti, et a même déteint sur un autre prénom aux sonorités proches, qui a inspiré à Coluche son sketch intitulé

Le viol dont la teneur nous paraît profondément choquante aujourd'hui : « *Vous savez comment on l'appelle dans mon quartier ?* ***MONIQUE, DEUX QUI LA TIENNENT, TROIS QUI LA NIQUENT.*** »

Et dans la même veine, n'ayant rien de commun avec la sainte du même nom, mais tout à voir avec une chanson paillarde du milieu du xxe siècle : **C'EST THÉRÈSE QUI RIT QUAND ON LA BAISE.**

Mais l'assonance peut se manifester sous des formes différentes selon les générations.

À BICYCLETTE AVEC PAULETTE. Yves Montand dessine la silhouette d'une Paulette juvénile et désirable, qui évoque les années 1940 :

« Sur les petits chemins de terre
On a souvent vécu l'enfer
Pour ne pas mettre pied à terre
Devant Paulette. »

PAULETTE, TU ES LA REINE DES PAUPIETTES !

Dans les années soixante, Paulette, prénom de prédilection des années 1920, a vieilli, évoquant déjà une femme d'âge mûr. Du coup, le prénom n'invite plus aux premiers émois amoureux mais aux plaisanteries bien lourdes, telles que les affectionnait le groupe des Charlots :

« Notre amour ne serait pas si beau
Si je n'aimais pas les paupiettes
Les paupiettes de veau !
Paulette, Paulette, tu es la reine des paupiettes ! »

CHAUFFE, MARCEL ! C'est à Jacques Brel qu'on attribue souvent la paternité de cette exclamation, qu'il adressait à son célèbre accordéoniste Marcel Azzola en interprétant *Vesoul*, en 1968. Mais, selon Duneton, il n'en serait pas l'auteur, ne faisant alors que reprendre une expression qui circulait depuis le début des années soixante : les humoristes Dupont et Pondu, aujourd'hui oubliés, la scandaient déjà dans un de leurs sketches, et les Charlots – encore eux ! – en firent un tube en 1966.

En tout cas, du vocabulaire des musiciens où elle s'employait pour s'encourager, lors d'un concert, à faire monter la température de la salle en se donnant à fond, elle est passée dans le langage commun pour inviter quelqu'un à s'engager dans une action sans ménager ses efforts.

CE SOIR, J'ATTENDS MADELEINE. Et c'est aussi Jacques Brel qui chante cette ode à la femme aimée et attendue en vain, au début des années 1960 :

« Elle est tellement jolie
Elle est tellement tout ça
Elle est toute ma vie
Madeleine que j'attends là. »

IL AVAIT UN JOLI NOM MON GUIDE, NATHALIE. Combien de petites filles nées dans les années 1960-1970 ne durent-elles pas le choix de leur prénom au succès de cette chanson composée par Pierre Delanoë et interprétée par Gilbert Bécaud en 1964 ?

« La place Rouge était vide
Devant moi marchait Nathalie
Il avait un joli nom, mon guide
Nathalie… »

Cette vision d'une Nathalie marchant sur cette place vide – ce qui ne devait pas arriver souvent alors, la queue pour honorer Lénine dans son mausolée serpentant sans discontinuer à travers toute la place moscovite – était doublement romantique. La chanson incarnait non seulement le coup de foudre dont rêvent toutes les jeunes filles du monde, mais surtout, par le biais de cette Nathalie (et pas Natacha !) vivant une idylle avec un touriste français, matérialisait l'espoir qui faisait vibrer tous les ressortissants de l'Union soviétique, pays alors cadenassé, de s'ouvrir à l'étranger.

À noter que le café Pouchkine mentionné dans la chanson n'existait pas et, malgré le succès retentissant de *Nathalie* en Union soviétique, il fallut attendre la chute du communisme pour voir sa création en 1999, et c'est bien entendu Gilbert Bécaud qui en fit l'inauguration…

UN JOUR, LARA. Une autre chanson romantique associée à la Russie, puisque, interprétée par Les Compagnons de la chanson sur une musique de Maurice Jarre, *La Chanson de Lara* accompagnait le film que réalisa David Lean en 1965 à partir du roman de Boris Pasternak, *Le Docteur Jivago*.

« Un jour, Lara
Quand le vent a tourné
Un jour, Lara
Ton amour t'a quittée. »

ET J'AI CRIÉ : ALINE ! C'était la chanson phare du chanteur compositeur Christophe, celle qu'on lui réclamait toujours plus de quarante ans après sa sortie ! Tant pis pour le mythe du macho cher aux générations précédentes, ici, on ose enfin pleurer, se plaindre au masculin du départ de la femme aimée :

« Et j'ai crié : Aline !
Pour qu'elle revienne.
Et j'ai pleuré
Oh ! j'avais trop de peine... »

LAETITIA ELAEUDANLA TEÏTEÏA

« Sur ma Remington portative
J'ai écrit ton nom Laetitia
Elaeudanla Téïtéïa. »

On ne se sort pas facilement de la tête cette chanson envoûtante de Serge Gainsbourg qui, en 1963, scande à répétition l'épellation de Laetitia, prénom qui signifie la joie en latin.

MÉLISSA MÉTISSE D'IBIZA. Une autre chanson, interprétée par Julien Clerc en 1984, qui doit son succès au jeu habile sur ses sonorités... à moins que ce ne soit à l'attrait des Baléares ou à son hymne au métissage ? En tout cas, la popularisation du prénom lui reste étroitement liée.

« Mélissa, métisse d'Ibiza, vit toujours dévêtue.
Dites jamais que je vous ai dit ça ou Mélissa me tue ! »

QUE MARIANNE ÉTAIT JOLIE. Grand succès de l'année 1973, cette chanson interprétée par Michel Delpech présentait l'originalité de ne pas rendre hommage à une femme mais à l'allégorie de la République française !

« Dieu ! mais que Marianne était jolie
Quand elle marchait dans les rues de Paris
En chantant à pleine voix
Ça ira ! ça ira ! toute la vie. »

MORGANE DE TOI

« Lola,
J' suis qu'un fantôme
quand tu t'en vas où j' suis pas
Tu sais, ma môme,
Que j' suis morgane de toi. »

La chanson de Renaud composée en 1983 pour la naissance de sa fille Lolita a fait beaucoup pour l'expansion de cette expression. Et le slogan adopté quelques années plus tard par la marque de vêtements féminins *Morgan*, « Morgan de toi », a fait le reste… Du coup, la formule est devenue indissociable du prénom Morgane, très prisé vers la fin du XXe siècle, avec lequel il n'a strictement aucun rapport !

En effet, la bienveillante fée Morgane issue de la mythologie celtique, qui a séduit de ses charmes puissants tant de parents, n'est pas en cause dans cette expression qui provient de l'argot. Car le verbe « morganer », dans la langue argotique familière au chanteur Renaud, signifiait dès le début du XIXe siècle « mordre », aussi « être morgané(e) ou morgane de quelqu'un », c'est être, logiquement, « mordu(e) de quelqu'un ».

GASTON, LE TÉLÉPHON ! Pour faire une chanson à succès, il suffisait, ainsi que le prouva Nino Ferrer en 1967 dans *Le Téléphon*, d'élire quelques prénoms et de leur trouver une rime : Bernadette/très chouette, Marie-Berthe/experte… et bien sûr le fameux :

« Gaston, y a l' téléphon qui son
Et y a jamais personne qui y répond ! (bis). »

De là, l'expression « Gaston, le téléphon ! » s'introduisit dans le langage courant pour faire remarquer à quelqu'un que son téléphone (pas portable, à l'époque !) était en train de sonner et qu'il faudrait peut-être qu'il s'affole un peu pour y répondre.

ANTOINE, VA TE FAIRE COUPER LES CHEVEUX !

« Oh, yeah !
Ma mère m'a dit : Antoine, fais-toi couper les cheveux,
Je lui ai dit : Ma mère, dans vingt ans si tu veux ! »

On aura sans doute du mal à mesurer la lame de fond que souleva cette chanson d'Antoine intitulée *Les Élucubrations*, en 1966, laquelle constitua un mot d'ordre pour toute une jeunesse qui ne se reconnaissait déjà plus dans le moule imposé par ses aînés et dans le modèle de Johnny. On notera que la chanson, dans sa dernière phrase, proposait tout de même de « mettre la pilule en vente dans les Monoprix » !

ÉTONNEZ-MOI, BENOÎT ! Cette formule rimée qui s'apparente à nos « cool, Raoul », « tranquille, Émile ! » et autre « à la tienne, Étienne ! » répertoriés plus haut, est devenue si courante pour inviter quelqu'un à ne pas hésiter à sortir des sentiers battus, qu'on a oublié qu'elle tire son origine d'une chanson de Françoise Hardy datée de 1968, dont l'écrivain Patrick Modiano avait écrit les paroles, mettant en scène un Benoît qui devait faire preuve d'une inventivité exceptionnelle pour désennuyer sa belle :

« Étonnez-moi, Benoît
Marchez sur les mains
Avalez des pommes de pin, Benoît

Des abricots et des poires
Et des lames de rasoir,
Étonnez-moi ! »

IL EST LIBRE, MAX ! Le nom d'Hervé Cristiani, chanteur qui interpréta cette chanson en 1981 et auteur des paroles, n'est pas resté dans la mémoire collective, mais l'hymne à la liberté, aux connotations quelque peu mystiques qu'elle mettait en œuvre, continue de lui valoir, aujourd'hui encore, de nombreux adeptes.

Il est libre, Max ! (bis)
Y en a même qui disent qu'ils l'ont vu voler !

Du grand au petit écran

De la Nouvelle vague au début du XXIe siècle, ces prénoms-là ont fait les belles heures des salles obscures, sans pour autant bouder la publicité, les faits divers et l'humour moulinés dans la petite lucarne.

ALEXANDRE LE BIENHEUREUX. Une autre figure de la liberté choisie et revendiquée comme art de vivre s'imposa avec cet Alexandre incarné à l'écran par Philippe Noiret, dans le film d'Yves Robert sorti en 1968. À la mort de sa tendre épouse, qui le cravachait à toute heure du jour pour qu'il ne succombe pas à son naturel indolent, Alexandre, cultivateur de son état, décide d'arrêter tout travail pour vivre désormais comme un Oblomov des Temps modernes, dans le seul lieu qui lui convienne vraiment : son lit !

TOUS LES GARÇONS S'APPELLENT PATRICK. La formule fit recette dans les années 1960, reprenant le titre du court-métrage de Jean-Luc Godard, *Charlotte et Véronique ou tous les garçons s'appellent Patrick,* sorti en 1959. La vérité sociologique de la phrase était alors incontestable (Patrick étant le numéro un des prénoms masculins en 1957 et 1958), mais ce n'était que prétexte à un exercice de marivaudage de Godard, écrit en collaboration avec Eric Rohmer, où deux jeunes filles colocataires se font draguer successivement au jardin du Luxembourg par le même irrésistible Patrick, joué par Jean-Claude Brialy.

VINCENT, FRANÇOIS, PAUL ET LES AUTRES. Ce titre du film de Claude Sautet sorti sur les écrans en 1974, qui montrait les heurs et malheurs d'une bande de copains parvenus à la cinquantaine, est devenu une formule du langage courant. Elle sert aujourd'hui, y compris dans la bouche d'une génération n'ayant pas vu le film qui en est à l'origine, à désigner une bande de potes qui traversent les années et les turbulences de la vie sans se perdre de vue, ou pour parler de plusieurs personnes liées entre elles par un même engagement, un même combat, ou embarqués dans la même galère (« Les Copé, Fillon, Bertrand, Vincent, François... et les autres » *blogs. nouvelobs.com*).

BRICE DE NICE. La silhouette moulée de jaune du surfeur ringard, incarné par Jean Dujardin au début des années 2000, déclencha un tel raz de marée qu'on ne peut qu'avoir une pensée compatissante *a posteriori*, pour les garçons qui eurent la malchance de porter à ce moment-là ce prénom ! Le jeu s'imposa même alors dans les cours de récréation et les fêtes d'anniversaire d'enfants : « Ça va, Grégory de Paris ? Oui, et toi, Gaspard de Dakar ? ça farte ? »

UNE AMÉLIE POULAIN. Le film de Jean-Pierre Jeunet sorti en 2001, *Le Fabuleux destin d'Amélie Poulain*, incarné par le visage espiègle d'Audrey Tautou, n'a pas seulement donné lieu à un engouement international doublé d'une « montmartrite » aiguë, il a aussi donné naissance à un type de caractère.

Car, depuis lors, pour parler d'une jeune fille un peu rêveuse, secrètement préoccupée par le bonheur de ceux qui l'entourent et prête à donner beaucoup de sa personne pour que les petits miracles deviennent réalité, on résumera en usant de peu de mots par : « C'est une Amélie Poulain », et tout le monde aura compris. Presque un siècle auparavant, le prénom Amélie avait déjà engendré une expression familière très employée, avec la pièce de Feydeau, *Occupe-toi d'Amélie !*

UNE TATIE DANIELLE. Depuis le succès du film *Tatie Danielle* d'Étienne Chatiliez en 1990 avec l'impayable Tsilla Chelton, il suffit de citer ce nom en référence « une Tatie Danielle », comme on dirait un Harpagon, un Don Juan ou une Emma Bovary, pour que tout le monde sache exactement à quel type de vieille dame il est fait allusion ! Loin des chromos des mamies gâteaux qui collectionnent les clichés de leurs descendants, la « Tatie Danielle » incarne la vieille peau-de-vache, pleine de mépris pour les bons sentiments sucrés, qui puise sa force dans la haine vivifiante de ses futurs héritiers.

JOUER LES TANGUY. Encore un film de Chatiliez dont le héros au prénom celtique, Tanguy, qui donne son nom à ce film sorti en 2001, est devenu le prototype de tous les jeunes gens âgés de vingt-cinq à trente ans qui, souvent pour des raisons économiques, continuent à vivre chez leurs parents, « jouant les Tanguy ».

« Au secours, notre enfant est *un Tanguy* ! Alors que toutes les conditions semblent réunies pour qu'il prenne son envol, il s'accroche au nid parental. » www.notretemps.com, 18 juil. 2019.

DE L'AIR, SUZY ! Tout autant cinématographique, mais peut-être plus difficile à décoder pour les jeunes générations, l'expression fait allusion à l'actrice et chanteuse Suzy Delair, morte en 2020 à l'âge de cent deux ans. Laquelle actrice, qui a tourné avec les plus grands réalisateurs des années 1940 à 1960, à en juger par sa personnalité gouailleuse, en déplaçait effectivement à son passage, de l'air ! Par référence plaisante à son patronyme, on lancera la formule à quelqu'un d'un peu trop insistant et collant, à un enfant toujours dans les jupes de sa mère...

COMME DISAIT LA MÈRE DENIS : « ÇA, C'EST BEN VRAI, ÇA ! » La lavandière Jeanne Marie Le Calvé, bretonne de naissance et normande d'adoption, plus connue sous le nom de « la mère Denis » a accompagné les publicités télévisées pour les machines à laver de la marque Vedette à partir de 1972. L'exclamation dont elle se servait pour appuyer, de son avis de spécialiste, les qualités vantées par la marque, « ça, c'est ben vrai, ça ! », est souvent invoquée aujourd'hui encore, accent rocailleux compris, pour souligner une évidence, une lapalissade.

TU PEUX TE BROSSER, MARTINE ! Dans une publicité pour une barre chocolatée (« Twixtop ») diffusée en 2000 qui commençait comme un spot à la gloire d'une lessive, on voyait une pauvre Martine, à qui sa copine bourgeoise refusait l'usage de la barre chocolatée dont elle se servait pour ses enfants propres sur eux – caricature de ces publicités où l'on s'emprunte à qui mieux mieux une lessive infaillible –, finir par se brosser effectivement. La formule est passée dans le langage courant pour se débarrasser avec humour d'un solliciteur importun.

C'EST LE JEU, MA PAUV' LUCETTE ! Cette publicité pour le Loto, à la gloire des audacieux M. et Mme Toutlemonde qui avaient tenté leur chance et remporté le gros lot, mettait en scène, dans les années 2000, deux voix, l'une masculine et l'autre, au second plan, féminine, ainsi qu'une lampe allumée en forme de globe terrestre. Lui faisait tourner le globe en pointant son doigt qui tombait sur… l'Australie. On entendait alors la réaction peu enthousiaste de Lucette, derrière, aux commandes de sa vaisselle : « Encore ! » Et lui, de répondre : « C'est le jeu, ma pauv' Lucette ! » avant de proposer, bon enfant, de refaire tourner le globe pour programmer une nouvelle destination. Sans que l'on en connaisse toujours la provenance, on emploie encore aujourd'hui couramment la formule pour réconforter avec un clin d'œil quelqu'un qui a tenté quelque chose sans obtenir le succès espéré.

REVIENS, LÉON ! Après une première version en 1985, qui mettait en scène un couple de vieux paysans attendant le passage du savoureux train des raviolis Panzani, sortit quelques années plus tard une seconde mouture faisant intervenir, en conservant le même canevas, un couple jeune et une péniche. Dans les deux cas, le brave mari prenait ses jambes à son cou pour rattraper qui le train, qui la péniche emportant leurs délices entrevues, tandis que l'épouse désemparée protestait de l'injuste abandon en ces termes : « Reviens, Léon, j'ai les mêmes à la maison ! »

GEORGES, ÇA FAIT AUSSI LES LAINAGES !
Comme dans la publicité précédente, c'est encore une épouse qui, en regardant son brave cycliste de mari repartir avec courage, après lui avoir remis une dose de mini Mir, lui acheter un autre détergent, s'écrie, interdite : « Mais, Georges, ça fait aussi les lainages ! » La citation fut reprise largement pour vanter avec humour les qualités multiples prêtées à un produit ou un appareil quelconques.

TU POUSSES LE BOUCHON UN PEU TROP LOIN, MAURICE ! En 1995, toute la France a craqué pour ce Maurice-là, ou plutôt pour la verve de son jeune propriétaire ! Car le petit garçon, surpris en flagrant délit d'absorption intensive de Chocosui's de Nestlé, sans perdre le moins du monde son aplomb, balançait prestement son pot vide dans l'aquarium de son poisson rouge, qu'il accusait du délit de gourmandise en l'invectivant en ces termes : « Tu pousses le bouchon un peu trop loin, Maurice ! » L'expression est restée pour signifier à quelqu'un, sur le ton de la plaisanterie, qu'il exagère passablement !

À LA MARIE-CHANTAL, « Un air à la Marie-Chantal », « des manières à la Marie-Chantal », « être une Marie-Chantal »… Dans toutes ces expressions courantes, le prénom Marie-Chantal sert à personnifier une femme snob. La paternité de cet archétype reviendrait au danseur Jacques Chazot dont les histoires drôles, intitulées *Histoires de Marie-Chantal*, suivies des *Carnets de Marie-Chantal* connurent le succès dès 1956. L'époux de ladite Marie-Chantal, lui aussi pourvu d'un double prénom tel que les affectionnent les familles portant des noms à particule (ou rêvant d'en porter), Charles-Hubert, est devenu, en concurrence sérieuse avec Charles-Henri, le porte-drapeau du snobisme masculin.

« Sagan but en silence. Chazot raconta *des histoires de Marie-Chantal* et cela m'étonnait de penser qu'autrefois rien n'était pour moi plus normal que d'être assise la nuit dans une boîte devant un verre de whisky ; je me sentais tellement déplacée ! » Simone de Beauvoir, *La Force des choses*, 1963.

RÉGIS EST UN CON. C'est aux Nuls, humoristes qui officiaient dans les années 1980 sur Canal Plus, que l'on doit d'avoir imposé cette expression. Régulièrement, dans le JTN, caricaturant le ton sérieux du journal télévisé, les deux faux présentateurs incarnés par Alain Chabat et Chantal Lauby illustraient d'un nouveau reportage en images la phrase posée une fois pour toutes comme une maxime : « Régis est un con », lequel Régis ne tarda pas à symboliser le crétin authentique, rejoignant ainsi la cohorte des Jacques, Jean,

Pierrot, Claude ou Martin appelés à tenir ce rôle à d'autres époques.

ACCROCHE-TOI, JEANNOT ! Le sketch *La Drague*, interprété en 1972 par Guy Bedos et Sophie Daumier, mettait en scène un interminable slow, au cours duquel on découvrait tour à tour les pensées et sentiments des deux danseurs étroitement enlacés : d'un côté, le dégoût et la colère de la fille qui se contient pour faire bisquer ses copines qui font tapisserie, et, de l'autre, la suffisance du garçon, macho en diable, sûr de fait, qui « emballe » en s'auto-encourageant à oser toujours davantage par les exclamations « vas-y Jeannot ! » et « accroche-toi, Jeannot ! ». Depuis lors, toutes deux sont devenues des formules familières dans le contexte de la séduction, pour encourager quelqu'un de timide ou de timoré à aller de l'avant sans craindre de se prendre une veste !

TOUT À FAIT, THIERRY ! Ce n'est au départ qu'un tic verbal de commentateurs sportifs à la télévision, qui s'entrecoupent la parole en renchérissant sur les propos de l'autre à grand renfort de « tout à fait, Thierry » et d'« absolument, Jean-Michel » (Thierry Roland et Jean-Michel Larqué pour les non-initiés). Mais la formule, reprise et caricaturée par les humoristes à succès du moment, Les Inconnus, connaît bientôt une telle fortune dans le langage oral qu'en un temps très court, tout le monde se retrouve atteint, dans la dernière décennie du XXe siècle, de l'irrépressible besoin d'employer « tout à fait » à tout propos, précipitant aux oubliettes toutes les autres formes d'assentiment dont on usait naguère : oui, certes, effectivement, c'est ça, j'allais vous le dire, vous avez mis le doigt dessus…

OMAR M'A TUER. C'est la seule expression dans ce relevé qui provienne d'une affaire criminelle. De plus, contrairement à la plupart des autres qui appartiennent ou ont appartenu au langage oral, celle-ci n'a de sens qu'à l'écrit. Rappelons les faits : le 24 juin 1991, Ghislaine Marchal est retrouvée morte dans sa cave, avec cette inscription accusatrice écrite en lettres de sang sur le mur : « Omar m'a tuer ». La victime semble y désigner nommément son assassin : Omar le jardinier. Toutefois, au lieu de s'avérer du pain bénit pour les enquêteurs, la formule se révèle très vite embarrassante : est-ce à dessein que Ghislaine Marchal, cruciverbiste distinguée, a commis une telle faute d'orthographe (« tuer » au lieu de « tuée ») ?

Quelques années plus tard, Omar Raddad, innocenté, est sorti de prison et la formule dont l'auteur, visiblement fâché avec la grammaire, est demeuré introuvable, s'est introduite dans la langue courante. Depuis la tribune d'André Rousselet parue dans *Le Monde* en février 1994, intitulée « Édouard m'a tuer », qui mettait en cause le Premier ministre Édouard Balladur dans son éviction de Canal Plus, on ne compte plus les avatars qu'a connus cette formule (« Sarko m'a tuer », « le Médef, la gauche, Mitterrand, Facebook… m'a tuer »), essentiellement dans des titres de livres ou d'articles de presse. Pour répondre à la levée de boucliers de ses lecteurs qui vilipendent cette méchante faute d'orthographe repérée sur leur écran, le site Rue 89 expliquait non sans humour dans son article du

4 septembre 2011 : « Depuis le milieu des années 1990, il est admis qu'en français, le participe passé d'un verbe du premier groupe se termine en er lorsque la phrase évoque une action (un meurtre, en général) – *NDLR :* on préciserait "un meurtre symbolique" – commise par une personne (un homme politique souvent) – *NDLR :* on ajouterait "ou une femme politique" – au détriment d'une autre (le ou les narrateurs, de préférence). »

On refermera cette section hautement médiatique avec un hommage rendu au prénom « Serge ».

MAGNÉTO, SERGE ! C'est l'injonction que lançait l'animateur Thierry Ardisson à partir de 1998, dans son émission « Tout le monde en parle », à son réalisateur Serge Khalfon pour lui demander de lancer les images vidéo. La formule est passée dans le langage courant pour signifier le départ d'un enregistrement ou d'une diffusion, allant même jusqu'à se lexicaliser sous la forme d'un nom commun :

« Souvent dans *les magnétos Serge*, on admire l'ancienneté et la nostalgie que dégage la vidéo, ce ne sont pas les tricks qui nous font rêver. » www.fluofun.fr, 23 novembre 2017.

DE TOUTES COULEURS

Et puis il y a les autres, tous les autres : les Martin et les Bertrand, les Louise et les Lucas, les Thomas et les Arthur, les Jules et les Margot, sans compter toute une foule de saints nommés à contre-emploi... Tous ceux qui se sont imposés dans une expression pour insuffler du dynamisme à un propos, rendre une image plus vivante, illustrer une maxime d'un trait d'humour ou colorer d'un éclat neuf un proverbe usé. Tous ces éléments, précisément, qui fascinaient Proust dans le langage de sa domestique Françoise : « Ce beau français populaire et pourtant un peu individuel qui était le sien », « le génie linguistique à l'état vivant, l'avenir et le passé du français ».

À la recherche du temps perdu, Sodome et Gomorrhe 1921.

En scrutant leurs silhouettes au travers des expressions françaises, on voit se dessiner une caricature humaine qui transcende les époques, où bêtise, lâcheté, paresse, hypocrisie, inconséquence et avarice disputent la première place aux besoins et affections du corps.

Honneur aux dames

Aujourd'hui très prisé, demain méprisé ! La vie d'un prénom suit des cycles qui le font tour à tour être à la mode et sortir d'usage : ainsi, Martine, Jacqueline ou Denise, qui ont connu un grand succès dans la première moitié du XXe siècle, sont aujourd'hui reléguées dans une sorte de purgatoire dont les nouvelles générations de parents ne semblent pas près de les sortir. Néanmoins, les expressions associées à ces prénoms résistent au temps, attestant de la faveur ancienne dont ils ont joui.

FAIRE PLEURER MARGOT. L'expression fait allusion à l'exclamation de Musset, datée de 1842 : « Vive le mélodrame où Margot a pleuré ! » Si la populaire Margot, prénom qui incarne dès le début du XIXe siècle une fille dessalée qui en a vu d'autres, ne s'en laisse pas conter et n'a pas sa langue dans sa poche (c'est d'ailleurs le nom donné anciennement à la pie bavarde), si cette Margot-là est prise par l'action de la pièce et se laisse émouvoir par ses rebondissements, c'est que le spectacle a atteint son but, il est réussi ! Mais le sens actuel prêté à la locution n'est qu'un lointain écho de la formule d'origine, puisque « faire pleurer Margot » signifie aujourd'hui émouvoir à bon marché, jouer sur la sensiblerie du bon peuple. On dit également dans le même sens « faire pleurer dans les chaumières » ou, par croisement des deux formules, « faire pleurer Margot dans les chaumières ».

C'EST SA JACQUELINE. Le moins que l'on puisse dire est que ce prénom, qui souffre aujourd'hui de désaffection, a connu de nombreux avatars !

Dès le début du XVIIe siècle, pour Oudin, une « Jacqueline » est une bouteille et Littré, qui l'orthographie « jaqueline », le relève encore deux siècles plus tard dans le Nord pour désigner une « cruche de grès à long ventre », appellations qui rendaient peut-être hommage à leur inventrice au Moyen Âge, la comtesse de Hainaut, Jacqueline de Bavière. Toujours en tant qu'objet, elle sert également, dans l'argot des soldats du XIXe siècle, à désigner un sabre de cavalerie. Mais elle est plus courante encore pour désigner, en alternance avec la Margot, une fille de petite condition ou, comme le note Larchey, une « femme de mauvaise vie », une courtisane. De là, elle a pris le sens dans l'argot des bourgeois, précise Delvau, de maîtresse, concubine.

C'EST SA MANON. La Manon, déjà rencontrée plus haut (cf. « se faire chanter *Manon* »), présente des emplois similaires à ceux de cette Jacqueline, puisque, d'après les dictionnaires de langage populaire du XIXe siècle, une Manon désignait une fille « dévergondée », une femme de « mauvaise vie », comme la Manon Lescaut de l'Abbé Prévost, qui fit scandale en 1731.

Précédé de l'article possessif, « c'est sa Manon », le prénom désigne la maîtresse de quelqu'un. Hérité du sens péjoratif prêté au prénom, le juron très courant à Marseille « **LE CON DE MANON !** » sert à transcrire un mouvement d'impatience, une réaction d'agacement ou d'irritation.

C'EST UNE AGNÈS. L'antithèse de ces trois prénoms, Margot, Jacqueline et Manon, est incarnée par l'Agnès. Il s'agit d'une jeune fille très innocente et très timide, selon Littré, et La Mésangère précise le trait par une comparaison « comme tenant de l'agneau ». C'est d'ailleurs traditionnellement avec un agneau dans les bras, symbole de l'innocence, qu'est représentée sainte Agnès. Toutefois, Agnès et agneau (*agnus* en latin) n'ont pas d'ancêtre commun, puisque le prénom provient du grec *agnos*, pur, chaste, tandis que l'animal vient de l'ancienne forme *agnel*, qui désignait le petit d'une brebis.

Connu depuis le XIe siècle, le prénom doit sans nul doute beaucoup de son succès constant à l'Agnès, élevée par Arnolphe dans *L'École des femmes* de Molière (1663), qui constate en toute ingénuité que « le petit chat est mort » (remarque de nature à inquiéter le vieux tuteur, puisque « le chat » désigne alors pour le public le sexe féminin !). Mais notre expression peut cependant être prise dans un sens moqueur et Delvau mentionne dans le même esprit l'expression de « la fausse Agnès », titre d'une comédie de Destouches datée de 1759, pour parler d'une personne qui joue les prudes et les innocentes.

FAIRE SA SOPHIE. On ne quitte pas le registre des faux-semblants avec cette expression attestée dès le milieu du XIXe siècle. On invoque souvent pour l'éclairer, la *Sophia* des Grecs, qui désigne la Sagesse (qui est bien à l'origine de ce prénom), mais c'est plus vraisemblablement à l'idée de « sophistication » qu'en appelle cette locution populaire, en faisant intervenir ce prénom aux connotations bourgeoises (dont on trouvera encore l'écho dans l'« Anne-Sophie », Anne-So, d'aujourd'hui). Car « faire sa Sophie », c'est faire des manières, s'offusquer d'un rien, se montrer excessivement difficile, être bégueule.

« Sans doute, il trouvait Lantier un peu fiérot, l'accusait de faire sa Sophie devant le vitriol, le blaguait parce qu'il savait lire et qu'il parlait comme un avocat. » Émile Zola, *L'Assommoir*, 1877.

FAIRE SA JULIE. Pas de doute possible : cette expression est bien inspirée de « faire sa Sophie », mais quoique le prénom de Julie ait été très courant au milieu du XIXe siècle, elle n'a pas vu le jour avant le début du XXe. Le sens alors relevé est exactement le même : avoir un comportement maniéré, faire preuve de pudibonderie. C'est toutefois la plus ancienne des deux expressions, « faire sa Sophie » qui semble s'être le mieux maintenue jusqu'à aujourd'hui, Julie étant plus souvent mentionnée comme féminin du Jules petit ami (« c'est sa Julie ») ou, en argot, pour désigner la cocaïne, sous la forme codée de « Julie du Brésil ».

ELLE EST REVENUE, DENISE ! On ne saura pas à quelle dénommée Denise cette expression faisait allusion, mais on ne fera sans doute pas de contresens en l'imaginant sous les traits de la femme du boulanger qui revient au bercail après son escapade avec un berger, chez Pagnol qui se fonda sur un texte de Giono pour faire son film. Tel est, en tout cas, le visage suggéré par Oudin, qui relève au XVIIe siècle cette exclamation avec le sens ironique de « c'est pour dire qu'une fille ou femme qui s'en était allée furtivement est de retour ».

ADIEU, BERTHE ! Vraisemblablement, cette Berthe-là n'a aucun lien avec l'autre, déjà rencontrée plus haut, celle aux grands pieds. De celle-ci, on ne sait pas grand-chose sinon qu'elle est apparue vers le milieu du xxe siècle, et qu'en prenant congé d'elle définitivement, on suggère qu'on jette l'éponge, que tout est fichu, qu'il n'y a plus aucun espoir.

Comme elle est fréquemment relevée dans la bouche des joueurs d'une équipe sportive pour suggérer que le match tourne en leur défaveur, Duneton se demande s'il ne s'agirait pas là du surnom donné à un joueur ou d'une plaisanterie quelconque alors compréhensible de tous les joueurs. Ni la pièce de théâtre jouée pour la télévision par Francis Blanche en 1970, ni la chanson de Mouloudji datée de 1966, qui portent toutes deux le titre d'*Adieu, Berthe*, ne semblent être à l'origine de cette expression qui leur préexistait.

Toutefois, en furetant parmi les refrains à la mode dans les premières décennies du xxe siècle, on a déniché, en 1929, une intéressante chanson de « Berthe » Sylva, *Adieu, Paris*, serment d'ivrogne au ton humoristique parfaitement accordé à l'expression :

« *Adieu, Paris, je me retire à la campagne* [...]
Adieu, Paris, car j'en ai par-dessus la tête
Je vais me mettre au vert, vivre comme les bêtes
Me coucher tôt et ne plus boire que de l'eau... »

Si tous les gars du monde...

Qu'ils soient très courants ou plus rares, les prénoms masculins, lorsqu'ils s'intègrent à une expression, semblent souvent voués à un sens péjoratif : être bien Claude, faire le Jacques, être un plaisant Robin…

PIERRE, PAUL, JACQUES. Employée aujourd'hui encore par toutes les générations, cette expression se résume à la seule juxtaposition de trois prénoms : choisis à dessein parmi des prénoms courants, ils incarnent n'importe qui, personne en particulier et tout le monde à la fois. Mais pourquoi ces trois prénoms-là, plutôt que d'autres ?

Le lien qui les relie entre eux est sans nul doute de nature religieuse, puisque Pierre et Paul sont deux Apôtres et Jacques, le demi-frère de Jésus. L'expression est donc plus nuancée qu'il n'y paraît au premier abord : s'occuper de Pierre, Paul, Jacques, c'est certes s'occuper de l'un et de l'autre, mais surtout de personnes interchangeables entre elles parce qu'elles relèvent toutes du même domaine d'appartenance. Les Canadiens ne s'y sont d'ailleurs pas trompés dans le choix de leur propre version de cette locution, substituant à notre Paul un autre Apôtre, Jean : « Pierre, Jean, Jacques ».

IL N'Y A POINT DE MARTIN QU'IL N'Y AIT DE L'ÂNE. Martin étant traditionnellement donné pour nom à l'âne depuis le Moyen Âge, on ne saurait s'étonner de le voir symboliser dans les locutions proberbiales – puisque c'est très injustement le trait le plus constant prêté au pauvre équidé – l'imbécillité humaine. Et l'allusion est tellement transparente au XVIIe siècle qu'Oudin, après avoir donné la définition de « Martin : âne ; ignorant », se contente de noter que l'expression « s'explique de soi-même ».

PRENDRE MARTIN POUR RENARD. À la lumière de ce qui vient d'être dit, l'expression, datée également du début du XVIIe siècle, ne signifie pas seulement prendre une personne pour une autre, mais le goupil incarnant la rouerie depuis les fabliaux, prendre un imbécile pour quelqu'un de rusé, se méprendre sur l'intelligence de quelqu'un.

Relevée au même moment par Oudin pour signifier qu'il y a méprise sur la personne, on rencontre aussi la locution :

PRENDRE SAINT PIERRE POUR SAINT PAUL. En l'occurrence, une méprise d'une nature beaucoup plus excusable que la précédente, puisque, s'il paraît difficile de confondre un âne avec un renard, ne pas confondre un apôtre avec un autre, surtout quand l'un et l'autre sont traditionnellement représentés sous les traits d'un vieillard barbu (saint Pierre tenant des clés et un livre tandis que saint Paul a un glaive et un livre), peut se révéler beaucoup plus difficile !

IL Y A PLUS D'UN ÂNE À LA FOIRE QUI S'APPELLE MARTIN. Également répertoriée par Oudin au XVIIe siècle, cette locution proverbiale demeurée courante en français actuel signifie que, dans un lieu public, plus d'une personne peut porter le même nom – Martin, patronyme le plus courant en France, étant en l'occurrence particulièrement bien choisi. Puisque tous les ânes s'appellent traditionnellement Martin, comment identifier de quel Martin il s'agit ? Ce qui, traduit de la langue proverbiale, suggère qu'en se fondant sur un seul indice, on risque fort de se tromper. Mais on peut également en faire une interprétation plus mordante : rien ne ressemble plus à un imbécile qu'un autre imbécile !

FAIRE LE JACQUES. Dès le XIVe siècle, Jacques Bonhomme fut le surnom donné aux paysans, avec des connotations sans doute assez proches de celles qu'on prêterait aujourd'hui au péjoratif « péquenot ». Procédant de cette acception, s'est répandue dans la deuxième moitié du XIXe siècle l'expression « faire le Jacques », pour dire « faire l'idiot » et on relève au même moment « battre le Jacques » au sens de « simuler la niaiserie ». Selon Delvau, le diminutif du prénom était employé dans le même sens au XIXe siècle, puisqu'un « grand Jacquot » n'était rien d'autre que l'appellation donnée à un gros bêta – « Jacquot », dans notre nomenclature animale déjà évoquée, revenant traditionnellement au perroquet.

En revanche, **UN MAÎTRE JACQUES**, en hommage à celui de Molière dans *L'Avare,* qui exerce à la fois les fonctions de cocher et de cuisinier d'Harpagon, désigne quelqu'un de débrouillard, aux « multiples casquettes » comme on dirait aujourd'hui.

« Les hommes ronchonnaient : – ah ! Salut !... on n'est pas ici pour faire le Jacques ?... pourquoi aussi qu'il nous ferait pas astiquer nos boutons ! » René Benjamin, *Gaspard*, 1915.

ÊTRE BIEN CLAUDE. Dire à quelqu'un, au XIXe siècle, qu'il « est bien claude », qu'« il est un vrai claude », ou qu'il est « aussi claude qu'il en a l'air », revient à lui lancer en pleine figure sa bêtise et sa niaiserie. Et ces dénotations péjoratives ne datent pas d'hier, puisque, dès le latin, l'adjectif *claudus* qui signifiait « boiteux » (cf. le verbe claudiquer) était déjà un surnom courant. Et on assure que l'empereur romain Claude (Claudius), qui régna de 41 à 54 ap. J.-C., de constitution chétive, était si peu futé que sa mère elle-même, Antonia, quand elle voulait parler d'un imbécile patenté, avait l'habitude de dire : « Meo Claudio stultior », il est encore plus stupide que mon Claude !

C'EST UN PLAISANT ROBIN. On a déjà rencontré plus haut le surnom de Robin forgé pour caricaturer les gens de robe aux discours abscons. De même que Jacques, Robin fut le surnom dont on se servit dès le Moyen Âge pour tourner en dérision un paysan, et, dans le règne animal, pour désigner le mouton bêlant ! Aussi ne s'étonnera-t-on pas que cette locution, relevée par Oudin au XVIIe siècle, « vous êtes un plaisant robin » s'emploie pour traiter quelqu'un d'idiot, avec une nuance de mépris marqué, puisque le sot en question se voyait par la même occasion désigné comme « un mal habile homme », un incapable.

ÊTRE GAI COMME PIERROT. Cette gaieté de Pierrot, qui est notée dès le XVIe siècle, fait l'objet de plusieurs interprétations. Selon les uns, Pierrot servant lui aussi anciennement à désigner un paysan, on peut voir là l'indice de la joie franche et visible que manifeste un benêt ; tandis que pour d'autres, l'expression fait allusion au Pierrot de la *commedia dell'arte*, connu comme un type de bouffon. Pour d'autres enfin, qui mentionnent également l'expression « hardi comme un pierrot », il serait question ici du nom donné traditionnellement au moineau, le pierrot, qui sautille, alerte et de bonne humeur, de la même façon qu'on dit « gai comme (un) pinson ».

C'EST UN ROGER BONTEMPS. Dans le registre des joyeux drilles, ce Roger Bontemps fait preuve d'une longévité exceptionnelle, puisque, apparu au XIIIe siècle, il n'a commencé à se faire plus rare que dans la deuxième moitié du XXe siècle. Selon un procédé qu'on retrouve dans un certain nombre d'autres expressions (cf. *infra* « Jacques Déloges » ou « Marie Jordonne »), à partir des attributs ou actions prêtés au prénom évoqué, est forgé un nom propre qui vient s'accoler au prénom pour constituer la locution. (Roger-qui-prend-du-bon-temps, d'où Roger Bontemps). De nombreuses suppositions ont été élucubrées au fil des siècles pour expliquer le choix de ce « Roger » (altération de « réjoui », ou déformation de la couleur « rouge » que prend un visage content, ou encore allusion à divers personnages historiques…) qui mène joyeuse vie en s'adonnant sans compter aux plaisirs des sens.

« Les vieux confrères me prennent pour un optimiste, un Roger Bontemps, les jeunes de ton espèce pour un croquemitaine, ils me trouvent trop dur avec mes gens, trop militaire, trop coriace. » Georges Bernanos, *Journal d'un curé de campagne*, 1936.

AVOIR SON ARNAUD. Ce prénom d'origine germanique était très répandu dès le Moyen Âge, et c'est jusqu'à cette époque qu'il faut remonter pour trouver l'explication de cette locution relevée dans la langue familière du XIXe siècle. Car le verbe « arnauder », qui signifiait alors « chercher querelle, tourmenter », était formé sur le prénom d'Arnaud dont on se servait communément pour désigner un débauché, un coquin, un individu sans foi ni loi. Sans doute phagocyté par le verbe « renauder » de forme et sens tout proches, « arnauder » ne s'emploie plus guère au XIXe siècle, mais sont bien vivantes en revanche les expressions « il a son Arnaud » et « il est arnaud » qui désignent un individu en colère, ou de mauvaise humeur.

SE METTRE EN RENAUD. On ne parvient pas à reconstituer avec certitude l'histoire du verbe « renauder », dont la famille est abondamment représentée dans la langue populaire du XIXe siècle, avec le « renaudeur » (celui qui proteste), l'adjectif « renaudant » (irritant) et surtout le substantif « le renaud », qui figure dans plusieurs locutions, telles « être à renaud » (être en colère), « mettre ou se mettre à, au *ou* en renaud » (irriter ou s'irriter), « chercher renaud » (chercher querelle) et « faire du renaud » (faire du tapage). On lui suppose une parenté ancienne avec le renard par l'intermédiaire de l'expression « parler renaut » qui signifiait en ancien français « parler comme le renard, nasiller », plutôt qu'un lien direct avec le prénom germanique Renaud, même si celui-ci, déjà fréquent au Moyen Âge, a sans doute contribué par son homonymie avec l'expression ancienne à la réussite de ces quelques locutions.

« Bien fait pour leur gueule à ces mômes, j'ai pensé un instant, me retenant de pouffer, en imaginant la Joséphine en renaud, l'Yvonne en pleurs. » Albert Simonin, *Confessions d'un enfant de la Chapelle*, 1977.

ALLER COMME LE POURCEAU SAINT ANTOINE, DE PORTE EN PORTE. C'est l'expression dont on se servait, dès le début du XVIIe siècle, pour parler d'un importun qui quémande à droite et à gauche. L'évocation de ce pourceau *de* saint Antoine – on a déjà eu l'occasion de signaler précédemment cette forme ancienne de complément du nom par juxtaposition – fait allusion à la légende selon laquelle saint Antoine allait prêchant par les rues sous l'escorte d'un pourceau qui s'était attaché à ses pas ! De là que cet animal lui est traditionnellement consacré et que dans l'iconographie saint Antoine est généralement représenté avec son compagnon à quatre pattes.

SAINT ANTOINE DE PADOUE, ESPÈCE DE VIEUX FILOU ! Le rituel n'a pas bougé depuis des siècles : lorsqu'on a perdu quelque chose, on fait un nœud à son mouchoir, puis on le jette dans un coin de la pièce en scandant inlassablement cette formule :

« Saint Antoine de Padoue,

Grand voleur et grand filou, rendez-moi ce qui n'est pas à vous !

Grand voleur et grand bandit, rendez-moi ce que vous m'avez pris

Ou je vous tords le cou ! »

Et, joignant le geste à la parole, on retournait la statue du saint, autrefois très présent dans les maisons, la face contre le mur jusqu'à ce qu'il se décide à coopérer. Rudoyé de la sorte, saint Antoine prend peur et s'exécute, et l'objet disparu ne tarde pas à réapparaître comme par enchantement !

ÊTRE UN CHARLES. Oudin relève cette expression au XVIIe siècle : « Vous êtes un Charles », en signalant déjà son lien étroit avec le « charlatan » qui, bien longtemps après, fera encore les choux gras des jeunes gens à la mode, comme on l'a vu plus haut avec la locution « faire comme Charles » commentée par Proust. Ici, la locution « être un Charles » repose également sur une plaisanterie autour du « charlatan », envisagé non plus du point de vue de sa forme mais de celui de son sens, puisqu'elle se délivre à quelqu'un qui est un beau parleur, un bonimenteur.

ÊTRE DE LA CONFRÉRIE SAINT HUBERT. « Il est de la confrérie saint Hubert, il n'enrage pas pour mentir » : telle était l'expression employée dès le XVIIe siècle pour désigner un grand et incurable menteur, la forme verbale « enrager pour » signifiant alors ne pas ressentir de douleur excessive pour telle ou telle chose, faire facilement quelque chose. On comprend déjà mieux le sens : il ment facilement. Mais la locution n'en semble pas moins impénétrable. « Comme les voyageurs, tous les chasseurs sont grands menteurs », commente La Mésangère, fournissant de la sorte un précieux indice. En effet, pour avoir eu l'apparition d'une croix lumineuse entre les bois d'un cerf, saint Hubert devint le saint patron des chasseurs et, par ricochet, dans l'imagerie populaire, celui des menteurs !

SENTIR LA VACHE À COLAS. Sous ses dehors ruraux, l'expression dissimule une accusation d'hérésie. Ainsi que l'explique Quitard, la périphrase de « religion de la vache à Colas » (où l'emploi du *à* pour marquer la possession n'est pas, comme aujourd'hui, dû à une incorrection mais la survivance d'une tournure ancienne) aurait servi à désigner le protestantisme, parce qu'un paysan des Cévennes, du nom de Colas, aurait fait tuer une vache pour la manger au nez et à la barbe des catholiques durant le carême. L'anecdote, vraie ou fausse, circulait en tout cas dans une chanson qui fut interdite au XVIIe siècle, et la locution « il sent la vache à Colas », sans doute plus ancienne, servait à stigmatiser quelqu'un qui était soupçonné d'hérésie.

« Penser qu'un enfant qui a logé neuf mois dans mes entrailles n'est pas bon catholique et mange de la vache à Colas, qu'il ira en enfer pour l'éternité ! » Honoré de Balzac, *Sur Catherine de Médicis, 1846*.

RESTER LÀ COMME UN COLAS. Plus couramment, le prénom Colas, aphérèse de Nicolas, s'employait pour camper un imbécile, un nigaud, qu'on ne peut que s'imaginer, en s'en référant à cette locution rythmée par sa rime intérieure (là/Colas), les bras ballants et la bouche ouverte.

Delvau précise qu'il peut désigner péjorativement un homme timide, « dans l'argot du peuple qui aime les gens dégourdis », et le fait figurer dans deux autres locutions populaires du XIXe siècle : « un grand Colas » (qu'on rencontre aussi sous la forme « gros Colas ») pour quelqu'un qui a laissé passer sans la saisir une bonne fortune, et un « pape Colas » pour quelqu'un qui aime prendre ses aises et se laisser vivre.

IL RESSEMBLE LE PERROQUET DE MAÎTRE GUILLAUME, IL N'EN PENSE PAS MOINS. Relevée par Oudin, cette image s'appliquait au XVIIe siècle à quelqu'un qui, quoiqu'il restât silencieux, sur la réserve, n'en continuait pas moins à réfléchir, à faire progresser son raisonnement.

On perçoit encore la tonalité humoristique de la comparaison animalière, mais on ignore à quelle anecdote ou quelle satire fait référence cette expression qui met sans doute en scène le célèbre bouffon du roi Henri IV, alias Maître Guillaume. Et il est vraisemblable que l'allusion était déjà obscure au XIXe siècle puisque la locution, en gardant le même sens, fut retouchée en « Il est comme le perroquet de M. de Vendôme, s'il ne dit mot, il n'en pense pas moins », qui fait intervenir le duc de Vendôme, qui comptait déjà plusieurs locutions proverbiales à son actif.

VOILÀ UN PLAISANT CÉLESTIN ! C'est Quitard qui fournit, au milieu du XIXe siècle, la définition la plus précise de cette locution : « Un homme dont l'esprit est un peu aliéné, un bouffon arrogant, un original qui n'observe pas les convenances. » Deux origines en rapport avec l'ordre religieux des Célestins sont proposées pour éclairer cette expression : soit la coutume selon laquelle, à Rouen, les moines célestins se trouvaient exemptés de l'impôt sur les boissons à condition que l'un d'eux défile en paradant à la tête des charrettes de vin devant la maison du gouverneur. Soit ce serait la prospérité et l'autorité dont jouissaient avec arrogance les Célestins qui auraient donné lieu à cette plaisanterie destinée à dégonfler l'orgueil des sots et des vantards.

AVOIR DES TRANCHÉES DE SAINT MATHURIN. Plus question ici d'extravagance, mais d'authentique folie, puisque, au XVIIe siècle, l'expression signifie proprement « avoir des accès de folie ». En français ancien, ces « tranchées » désignaient de violentes douleurs intestinales que l'on expliquait par la stagnation d'humeurs âcres et piquantes. Par ailleurs, la légende attribuant à saint Mathurin le mérite d'avoir délivré la belle-fille de l'empereur romain Maximien du démon qui possédait son corps, c'est lui qu'il était de tradition d'invoquer pour guérir de la folie. Aussi un fou était-il dénommé couramment « pèlerin saint Mathurin » et la folie désignée du nom de « mal saint Mathurin », et Littré relève également l'expression « devoir une chandelle à saint Mathurin » avec le sens d'être atteint de folie.

LE COUP DU PÈRE FRANÇOIS. L'expression est encore très courante de nos jours et l'on subodore qu'il doit s'agir d'un coup tordu, d'un coup de traître, mais qui était donc ce « père François » ? Pas un père tranquille assurément, mais un voleur, un resquilleur, un détrousseur, puisque l'expression appartient à l'argot des voleurs du milieu du XIXe siècle et sert à dénommer une technique de vol qui requiert deux agresseurs. L'un, placé dos à dos avec la victime, l'étrangle avec une courroie tout en la soulevant sur son dos pour l'immobiliser, tandis que son compère la fouille et la dépouille. Si l'on en croit Esnault, l'appellation de « père François » retenue pour ce coup viendrait du surnom donné au lutteur alors célèbre Joseph Arpin, dit aussi « le terrible Savoyard » qui aurait inspiré la technique de cette prise d'étranglement-soulèvement.

« Certains révolutionnaires amateurs n'ont d'autre envie que de se servir aujourd'hui de tout ce qui nous aide à vivre pour nous faire le coup du Père François. » Paul Éluard, *Documents surréalistes (1925-1935)*, 1935.

S'EN SOUCIER COMME DE COLIN-TAMPON. La forme du verbe peut varier (« s'en moquer », « s'en ficher »), mais le sens de l'expression a traversé les siècles jusqu'à nous, indemne : faire peu de cas, n'avoir qu'indifférence pour quelque chose. Mais on tâtonne aujourd'hui encore pour en retracer l'histoire. Tous les dictionnaires s'accordent pour voir dans ce « colin-tampon » la batterie des tambours suisses, dès le XVIe siècle. *L'Orchésographie* de Toinot Arbeau, datée de 1589, qui définit les rythmes de tambour en usage dans les régiments, nous fournit une précieuse transcription du battement des tambours suisses[1] :

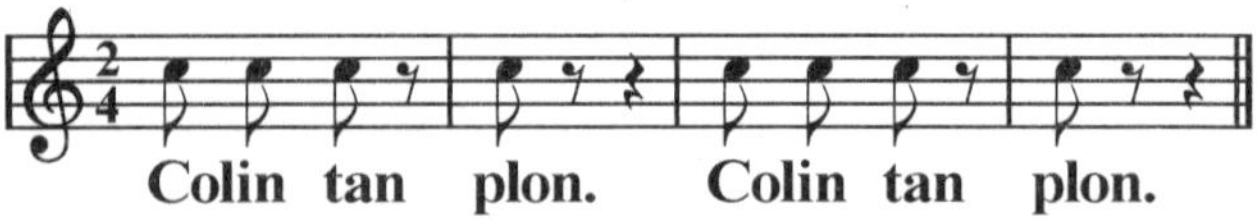

Ce « Colin tan plon » serait donc au départ un mot de nature onomatopéique, visant à rendre le bruit d'approche des tambours suisses, de la même façon que le « rataplan ou rantanplan » est devenu nom commun pour transcrire le roulement de tambours des troupes françaises. Par métonymie, le bruit de tambours s'est bientôt appliqué au joueur lui-même, entraînant une réinterprétation du terme. Le « Colin » est une abréviation du prénom Nicolas, qui servait à désigner un nigaud (Littré rappelle que, dans les opéras-comiques, on disait des jeunes bergers amoureux qu'ils « jouaient les colins »). Quant au « tanplon », il devint « tampon » sans doute par plaisanterie, les tambours s'avançant en première ligne paraissaient en quelque sorte les « bouchons » de la troupe en marche – puisque « tampon » est alors défini comme « ce qui bouche » et tout particulièrement, s'agissant d'un contexte militaire, « ce qui sert à presser la poudre dans une arme à feu ».

---

1. Émile Gouget, *L'argot musical*, 1892, pour la transcription moderne.

Car on est bien dans le registre de la plaisanterie, comme invitent à le penser la définition donnée par Oudin en 1640, qui fait d'« un gros colin-tampon », « un gros homme », ainsi que la chanson relevée par Furetière en 1690, à l'article « fillette » :

« Baisons les fillettes
Et buvons du bon
Et laissons nos dettes
À colin tampon. »

Le fait que les tambours suisses étaient plus gros que les tambours auxquels les gens étaient habitués explique peut-être le quolibet d'Oudin. Et l'ironie présente dans l'évocation de ce tambour suisse est sans doute à prendre comme une rodomontade, née de la victoire de Marignan sur les troupes suisses, pour signifier que la batterie des tambours suisses, frappée par des gros niais sur leurs gros tambours pour cadencer et ouvrir la marche d'une troupe vaincue, n'impressionnait pas beaucoup !

ÊTRE RAYMOND/ÊTRE RAOUL. Les deux locutions semblent interchangeables, puisqu'elles sont nées au même moment, à savoir dans les dernières décennies du XXe siècle, et s'emploient l'une et l'autre pour désigner quelqu'un de « ringard, hors du coup, *out* (obsolète) », selon la définition qu'en donne Merle. Toutefois, s'il débusque dans la première une référence à un homme politique du moment, Raymond Barre, dont les costumes à la René Coty ne constituent pas vraiment, aux yeux de la jeune génération d'alors créatrice de ces modes langagières et très soucieuse de son *look*, un modèle de modernité, Merle reconnaît plus difficilement explicable la présence du sieur Raoul au même sens.

Toutefois, est-il vraiment étonnant que ce prénom peu usité, qui commençait par la même lettre que son alter ego et ne figurait déjà plus, comme on l'a vu plus haut, que dans des locutions à caractère humoristique (cf. « *cool*, Raoul », « roule, Raoul »…), ait pu être élu comme digne représentant du concept de la ringardise ?

NICOLAS J'T'EMBROUILLE ! On connaît la locution « ni vu ni connu, j't'embrouille » qui exprime, depuis la fin du XVIIIe siècle, le tour de prestidigitation d'un escroc sans envergure qui se targue de mener à bien ses petites combines sans être pris la main dans le sac ! Du « ni vu ni connu », on est passé ici par jeu à « ni… colas », le prénom Nicolas servant fréquemment à camper un lourdaud, un gros bêta, auquel on a continué d'accoler la formule de mystification « j't'embrouille ». Mais cette exclamation apparue dans l'argot des écoliers au XVIe siècle s'employait, ainsi que l'établit Delvau, pour se lancer un défi, ce qui en faisait plutôt un équivalent des « chiche ! » et autres « pas cap ! » qui fuseront dans les cours de récréation du XXe siècle.

T'AS LE BONJOUR D'ALFRED ! Cette autre formule exclamative déclinée à la deuxième personne du singulier est tout aussi délicate à manier, puisque son sens ne dérive pas des mots qui la composent, mais de l'orientation, de l'intention donnée à l'emploi de ces mots. En effet, si on la prend au pied de la lettre, il s'agirait de transmettre à quelqu'un le bonjour d'un certain Alfred, supposé connu de celui qui porte le message comme de celui qui le reçoit. Mais ce n'est pas le cas ! De fait, la formule de politesse est employée ici seulement afin de prendre congé, de clore la communication verbale avec l'interlocuteur jugé importun (de la même façon qu'on peut saluer quelqu'un, en guise d'au revoir, par « je vous souhaite le bonjour ! » ou « bien le bonjour ! »).

Figée sous la forme de l'apostrophe et du tutoiement, elle s'insère telle quelle dans la phrase, à l'instar d'autres exclamations qui expriment la frustration, du type tintin ! des clous ! makache ! nib de nib ! etc., transcrivant par une anacoluthe (rupture dans la construction) l'étonnement et l'amertume de celui qui subit cette frustration. C'est le cri du garçon de café floué de son pourboire, du représentant qu'on a laissé débiter jusqu'au bout le boniment de sa démonstration : « Et au moment de les allonger, t'as le bonjour d'Alfred ! »

On a toutefois remonté la piste de ce mystérieux Alfred jusqu'en 1925, année où commença à paraître la bande dessinée d'Alain Saint-Ogan, *Zig et Puce*, où les deux héros qui avaient recueilli un petit pingouin prénommé Alfred, narguaient les méchants dont ils triomphaient avec la formule : « T'as le bonjour d'Alfred ! »

« Notre époque – et on serait porté à voir là la marque d'une originalité singulière, – est de celles qui ne peuvent se défendre, devant un congé pris un peu sèchement, d'un sentiment de complicité infinie (on pense à ces belles locutions populaires, si expressives, avec leur furieux croc-en-jambe à la poésie des adieux : "prendre la tangente", "t'as le bonjour d'Alfred" (…) » Julien Gracq, *André Breton*, 1948.

LAISSEZ FAIRE À GEORGES, C'EST UN HOMME D'ÂGE. Telle était la formule employée à partir du XVIIe siècle pour suggérer que la situation était entre les mains de quelqu'un qui avait de l'expérience. Furetière explique que l'habile homme à qui il fallait s'en remettre ainsi les yeux fermés était le cardinal « George » d'Amboise, ministre d'État de François Ier, et Quitard certifie que la formule serait sortie de la bouche du souverain Louis XII. Des affaires publiques, la locution est passée au domaine privé, où elle s'employait proverbialement pour remettre à leur place les donneurs de conseils de tout poil, en leur laissant entendre qu'on n'était pas né de la dernière pluie et qu'on disposait de toutes les cartes nécessaires et de toute la sagesse requise pour mener à bien l'entreprise engagée !

C'EST UN FESSE-MATHIEU. L'Académie recommandait d'écrire : « Ce sont des fesse-mathieux », orthographe pour le moins surprenante puisque le prénom, passé il est vrai dans la catégorie des noms communs, prend la forme du pluriel, alors que « fesse » (qui s'accommode généralement plutôt du pluriel) restait invariable !

En dépit des incertitudes sur sa forme, l'expression qui servait depuis le XVIe siècle à désigner un usurier, un prêteur sur gages, a survécu jusqu'à aujourd'hui et s'emploie désormais pour parler d'un avare. Mais comment cette fesse unique accolée à ce prénom a-t-elle pu engendrer un tel sens ?

Toutes les interprétations proposées tombent d'accord sur le rôle à attribuer au prénom : Mat(t)hieu ayant été changeur au service du roi Hérode avant de suivre Jésus et devenir l'un des douze Apôtres, saint Mathieu devint le patron des financiers et banquiers. On pourrait donc supposer qu'il s'agit ici de le « fesser », le battre pour obtenir de l'argent, ou bien que c'est là une altération soit du mot « face », être un fesse-mathieu étant par conséquent avoir une face de Mathieu, à savoir une mine d'usurier, soit du mot « feste », ancienne forme de « fête », l'avare, l'usurier étant dans ce cas donnés comme des gens qui célèbrent leur saint patron Mathieu.

« *C'est un fesse-mathieu*, un pisse-froid, un morveux dont il n'y a rien à attendre de grand. » Denis Didèrot, *Salon de 1767*, 1768.

ÇA FAIT LA RUE MICHEL. On aura beau faire preuve d'imagination, si l'on ne sait pas sur quoi est fondée cette formule, on restera dans le brouillard ! Car l'expression, qui commence à circuler dans la deuxième moitié du XIXe siècle, repose sur un jeu de mots entre la locution « ça fait le compte » et « la rue Michel-le-Comte », située à Paris, dans le IIIe arrondissement. On peut supposer, avec Cellard et Rey, une étape intermédiaire où, pour marquer à son interlocuteur que le compte était bon, on usait par plaisanterie de la comparaison : « Ça fait le compte, comme la rue Michel » avant que, le calembour s'étant un peu usé, on ne passe au télescopage des deux membres de la phrase, tout en gardant le sens de « le compte est bon ».

« Je te paye recta. Fais-moi la liste de tout ça, le total, tu mets "Payé" et un timbre : ça fait la rue Michel. » Jean Giono, *L'Iris de Suse*, 1970.

ÊTRE COMME SAINT-THOMAS C'est l'expression généralement invoquée quand on doute de la véracité de quelque chose, pour suggérer qu'on est tout prêt à y croire à condition qu'on nous en fournisse des preuves. Elle est d'ailleurs souvent accompagnée d'une proposition qui l'explicite : « Moi, je suis comme saint Thomas : je crois que ce que je vois. » Selon l'Évangile de Jean (20, 24-29), Thomas, ne croyant qu'à demi à la nouvelle de la résurrection de Jésus, demanda à voir de ses yeux la marque des clous sur les mains et les plaies sur le corps du Christ. C'est cet épisode, resté plus saillant que tout le reste de sa vie d'évangélisateur, qui vaut à saint Thomas d'être devenu le fer de lance des esprits positivistes.

SE FAIRE APPELER ARTHUR. Selon l'explication qui fait autorité depuis quelque temps, cette expression daterait de la Seconde Guerre mondiale, où les contrevenants qui circulaient au-delà du couvre-feu « se faisaient rappeler *acht Uhr* » (8 heures en allemand) en des termes peu avenants dont ils retenaient surtout la mention répétée de « *artour* ». Ainsi aurait vu le jour l'expression, qui garda « Arthur » associé à l'idée d'une verte semonce.

On aimerait beaucoup y croire, mais il semble que l'expression soit antérieure de plusieurs décennies. De fait, cet Arthur n'a fait que prendre la suite du prénom Jules, **SE FAIRE APPELER JULES** voulant déjà dire « se faire réprimander » à la fin du XIXe siècle. Mais Jules s'est effacé devant Arthur, qui aurait investi la locution un peu plus tard. Le passage de l'un à l'autre s'explique toutefois par leur sens commun, dans l'argot du XIXe siècle, de gigolo, ou souteneur. C'est plus vraisemblablement de ce côté-là qu'il faut aller chercher l'origine exacte de l'expression, même si l'on risque de peiner pour expliquer dans le détail comment, de l'idée de se faire traiter de « gigolo », on est passé à celle de se faire remonter les bretelles !

« Asseyez-vous et attendez que la colère tombe. Sinon, mâme Chef va s'amener et demander pourquoi on gueule, et on va toutes se faire appeler Arthur. » Albertine Sarrazin, *La Cavale*, 1965.

VOTRE MÈRE NE VOUS A PAS PRÉNOMMÉ AIMABLE. Ce prénom, que des parents élisaient encore volontiers il y a deux ou trois générations en caressant l'espoir secret que l'amabilité qu'il recelait rejaillirait sur leur enfant, est aujourd'hui sorti d'usage. Il entre cependant depuis à peu près le milieu du XXe siècle, dans la composition de cette périphrase destinée à signifier à quelqu'un avec ironie qu'on le trouve particulièrement désagréable. Dans la même veine humoristique, on pourra aussi avoir la surprise de s'entendre répondre par quelqu'un à qui l'on aura dit qu'on le trouvait « aimable » : « Merci, c'est mon deuxième prénom ! »

S'APPELER DÉSIRÉ. Jusqu'à la fin du XIXe siècle, on donna ce prénom indifféremment au masculin comme au féminin (Désirée), et tout particulièrement à un bébé dont la venue s'était fait un peu trop attendre. Il est aujourd'hui tombé en désuétude mais, en le prenant au pied de la lettre, on le fait désormais figurer dans une locution qui pourra s'appliquer à quelqu'un qui tarde à arriver quand on l'attend (« celui-là, il s'appelle Désiré ! »), ou servir à accueillir d'un trait narquois quelqu'un qui se présente à un rendez-vous avec un retard si considérable sur l'heure convenue qu'on ne l'espérait plus (« eh bien ! tu t'appelles Désiré(e), toi ! »).

Et d'autres prénoms nés sur la base d'adjectifs pourront se prêter *ad libitum* au jeu de la dérision : Aimé(e) (pour parler de quelqu'un qu'on déteste), Fidèle (appliqué à quelqu'un de volage), Céleste, Constant ou encore Modeste (« non, mais tu l'as entendu se vanter ? il s'appelle pas Modeste, celui-là ! »)...

TA MÈRE S'APPELLE PAS CLAIRE. Telle quelle, la formule n'est pas complète, puisqu'elle n'est que le prolongement, né dans les cours de récréation de la fin du XXe siècle, de la célèbre repartie enfantine : « Ton père n'est pas vitrier ! » qui se lance à quelqu'un qui se met devant nous, bouchant la vue. La formule constitue donc une variante plus imaginative du classique « t'es pas transparent ! », n'hésitant pas, pour gagner en poids, à faire mention du géniteur du gêneur ! Procédé déjà ancien qui a fait ses preuves, comme on le constate chez Oudin qui note déjà, en 1640, qu'on dit à un chaud lapin qu'il est « fils de boucher » (« qui aime à tâter la chair ») !

« Ta mère s'appelle pas Claire ! » vient donc, logiquement, compléter et renforcer cette filiation fantaisiste, dont l'évocation humoristique est destinée à réveiller celui qui, en toute inconscience, masque de la masse opaque de son corps la chose intéressante à voir.

Une Claire qui semble bien vouée au premier degré, puisque selon une croyance ancienne, la veille d'une fête, d'un mariage, si l'on veut être sûr que le temps soit clair, il faut aller porter des œufs à sainte Claire – abbesse qui fonda au XIIIe siècle l'ordre des Clarisses – afin qu'elle garde la pluie « en l'air ». De même, faisant suite au « café d'abbé » qui désignait à la fin du XIXe siècle un café qu'on ne craindrait pas aujourd'hui de qualifier de « jus de chaussette », **LE CAFÉ DE SAINTE CLAIRE** n'empêchera personne de dormir... Et d'autres prénoms nés sur la base d'adjectifs pourront se prêter également au jeu : Aimé(e), Céleste, Fidèle, Constant, Modeste (« non, mais tu l'as vu ? il s'appelle pas Modeste celui-là ! »)...

Enfin, quelques formules dissimulent sous l'apparence d'augustes préceptes, d'imparables truismes et lapalissades.

SAINT NICOLAS MARIE LES FILLES ET POURTANT IL EST MORT. Avant de suivre Jésus et de rédiger l'un des quatre Évangiles, Luc était en effet un médecin païen. Par le biais de cette référence à l'histoire biblique, ce proverbe relevé par Le Gai au XIXe siècle vise vraisemblablement à délivrer une leçon d'humilité, en suggérant que nul n'échappe aux règles de la nature. Quelque pourvu qu'on soit pour faire face à l'adversité (saint et médecin, pour guérir l'âme autant que le corps), on n'en reste pas moins soumis à la loi commune (la mort).

AU CAS QUE LUCAS N'AIT QU'UN ŒIL, SA FEMME ÉPOUSERA UN BORGNE. Cela commence comme une formule de casuistique « au cas que » et cela se conclut par une induction rigoureusement menée, mais proposant une image burlesque !

Le choix du prénom vise autant à faire un écho ironique à la locution conjonctive (au cas/Lucas) qu'à ancrer la formule dans le registre de la comédie, Lucas dénotant un homme du peuple, tel le Lucas du *Médecin malgré lui* ou du *Dom Juan* de Molière, qui parlent le français des paysans. « C'est une raillerie vulgaire dont on se sert lorsque quelqu'un entame son discours par ces mots, au cas que », note Oudin en relevant cette expression au XVIIe siècle. La formule servait donc à rembarrer proprement un interlocuteur qui échafaude des suppositions à n'en plus finir, exactement comme on rétorquera de nos jours à quelqu'un qui élucubre son raisonnement à partir d'une suite de conditions arbitrairement posées : « Avec des “si”, on mettrait Paris en bouteille ! »

Les intermittences du cœur

Les expressions bâties sur des prénoms s'ouvrent à toutes les nuances de sentiment : l'amour entre amants ou amis parfaitement accordés, l'amour conjugal, l'amour maternel, l'amour inconditionnel de l'animal...

C'EST SON JULES/MARCEL. Pour désigner un amoureux, rivalisant avec le Roméo évoqué plus haut par référence à Shakespeare, on rencontre aussi le Jules, qui servit d'abord dans l'argot du milieu du XXe siècle à dénommer un souteneur. Ainsi, « le pain des Jules » désignait et désigne encore les revenus générés par la prostitution, et un « Julot casse-croûte », un proxénète d'occasion qui n'a pas d'autre ambition que de se laisser nourrir au quotidien par le « pain de fesse » de sa protégée...

Cependant, depuis la fin du XXe siècle, on croise aussi dans ce rôle le Marcel, « ce doux prénom masculin un peu kitsch tend(ant) à remplacer Jules qui, il faut bien le reconnaître, a beaucoup servi », ainsi que l'écrit Merle.

CHOISIR UN VALENTIN. Contrairement à ce qu'on pourrait croire, la Saint-Valentin n'est nullement une trouvaille à mettre au compte de la société de consommation, mais une fête qui existait dès le Moyen Âge, une célébration à la gloire de l'amour, de la force vitale qui, à partir de la mi-février, travaille au renouveau de la nature tout entière. Ce jour du 14 février, la coutume voulait donc que chaque jeune fille se choisisse un amoureux, un chevalier servant, un Valentin, dont elle devenait alors pour un an la Valentine.

« Certes, je ne saurais me porter garant de la vertu de tous les Valentins et Valentines à travers les siècles mais ce dont je suis sûr, c'est que durant toute ma jeunesse, à Bandiagara, jamais on n'a entendu parler d'un seul cas où un Valentin n'aurait pas respecté l'honneur de sa Valentine – et étant donné les coutumes, cela se serait su ! » Amadou Hampâté Bâ, *Amkoullel, l'enfant peul*, 1991.

COIFFER SAINTE-CATHERINE. Lorsqu'il n'y avait pas plus à l'horizon de Valentin que de Roméo, ni de Jules, ni de Marcel, et que la demoiselle dépourvue d'amoureux fêtait ses vingt-cinq ans, on disait (et on le dit encore par plaisanterie…) qu'elle « coiffait Sainte-Catherine ».

Selon la légende, pour avoir refusé d'épouser l'empereur Maximien, au IVe siècle, en invoquant qu'elle s'était déjà unie à Jésus, Catherine d'Alexandrie serait morte décapitée, et de son cou aurait jailli du lait. La vierge martyre devint dès le Moyen Âge la patronne des jeunes filles, et la coutume voulait qu'à sa fête, le 25 novembre, les jeunes filles qui avaient atteint ou dépassé l'âge de vingt-cinq ans et n'étaient pas encore mariées, vinssent honorer sa statue en la parant d'une coiffe qu'elles avaient confectionnée. C'est ainsi que, paradoxalement, la vierge qui avait choisi le célibat est devenue la sainte que l'on va prier pour trouver un mari ! Ce jour-là, les jeunes filles en quête de mari, les « catherinettes », devaient elles-mêmes se parer d'un chapeau extraordinaire, confectionné dans les couleurs de la foi et de la connaissance, le jaune et le vert, qui symbolisent leur sainte patronne.

« Sainte Catherine, toute fille veut la fêter mais point ne veut la coiffer », disait un proverbe courant. Et si c'était assurément l'occasion d'une belle fête, avec festin et danses à la clé, c'était surtout, pour celles qui s'en retrouvaient bien malgré elles les reines, une cérémonie mortifiante qui les signalait à la connaissance de tous comme des filles qui n'avaient pas encore trouvé de mari ! Ainsi, au milieu du XIXe siècle, Delvau relève la formule à son sens le plus cru, « rester vieille fille dans l'argot des bourgeois ».

ÊTRE ENSEMBLE COMME ROBIN ET MARION.

Pour parler de deux êtres inséparables, la langue populaire disposait de plusieurs locutions, dont aucune ne nous est plus familière. Cette première expression date du XVIe siècle, et fait allusion à une célèbre pièce de théâtre du XIIIe siècle intitulée *Le Jeu de Robin et de Marion*, d'Adam de La Halle, dont les héros sont deux jeunes gens amoureux habitant le même village, la jeune bergère Marion et le paysan Robin.

C'EST SAINTE GENEVIÈVE ET SAINT MARCEAU. Corroborée par le dicton « sainte Geneviève ne sort point si saint Marcel ne la rejoint » (Marceau étant une variante de Marcel), cette formule relevée par Furetière à la fin du XVIIe siècle s'employait pour désigner deux personnes unies par une si profonde amitié qu'on ne pouvait les voir l'une sans l'autre.

Au même moment, on pouvait aussi faire référence à un autre saint qui, s'étant voué au soin des pestiférés, était représenté dès le Moyen Âge avec un fidèle compagnon à quatre pattes léchant la plaie ouverte sur sa cuisse : **C'EST SAINT ROCH ET SON CHIEN.**

QUI AIME BERTRAND AIME SON CHIEN. Dès le XVIIe siècle, Oudin donne cette expression en concurrence avec « Qui m'aime, aime mon chien » et, grâce aux suffrages sans doute d'innombrables propriétaires de chiens, l'une et l'autre ont survécu jusqu'à nous. De fait, il s'agit moins ici de rendre hommage à la gent canine que de suggérer l'amour inconditionnel : celui qui m'aime vraiment aime tout de moi, tout ce qui me définit et tout ce qui m'appartient, jusqu'à mon chien ! Bertrand n'a pas d'autre légitimité à figurer dans cette expression que sa fréquence d'attribution à date ancienne, qui fait de lui une sorte de M. Toutlemonde, et on le retrouvera un peu plus loin à ce titre. L'expression proverbiale est aussi attestée régionalement avec un autre prénom non moins courant autrefois : **QUI AIME MARTIN AIME SON CHIEN.**

APPELER AZOR. Notre galerie d'expressions canines serait incomplète sans cet « Azor » qui est bel et bien un prénom, mais un prénom traditionnellement réservé à un petit chien ! À l'instar de son congénère Médor, qui doit son nom à l'amant d'Angélique dans l'*Orlando furioso* de l'Arioste, poème épique daté du XVIe siècle, Azor fut l'amant de Zémir dans l'opéra de Grétry, *Zémire et Azor*, représenté en 1771. S'appuyant sur ces parangons de fidélité, Littré note qu'on disait d'une personne qui en suit toujours une autre que c'était « un Azor ». Mais dans notre expression qui date du milieu du XIXe siècle, notre cabot est plutôt un cabotin, puisque « appeler un acteur Azor » dans l'argot des planches, c'est le siffler !

IL N'Y A QUE LUI ET LE CHIEN DE PHILIPPE. Encore une expression faisant intervenir un chien qui, en association avec le prénom Philippe, nous introduit cette fois dans le domaine du français méridional. En effet, cette locution, dont les spécialistes du parler marseillais eux-mêmes peinent à établir avec certitude l'origine, est encore aujourd'hui très couramment employée à Marseille. Elle sert à marquer une sorte de renforcement dans l'isolement vécu par quelqu'un qui est le seul à être présent quelque part, le seul à avoir telle opinion ou prendre tel ou tel parti, l'unique compagnie du chien du mystérieux Philippe servant à faire apparaître comme plus grande encore sa solitude humaine !

PERDRE PHILIPPE ET LE COUFFIN. Quant à cette expression, cueillie également sur des lèvres provençales, on n'en a pas même trouvé trace dans les recueils d'expressions marseillaises consultés ! Aucun doute n'est permis néanmoins sur son origine, à cause de ce « couffin » qui désigne à la fois un panier à provisions et un berceau en paille tressée à anses, et intervient dans une autre célèbre expression méridionale qui intrigue souvent les non-autochtones : « patin couffin » (qui signifie « etc. »)…

On suggérera deux directions possibles pour interpréter cette locution : ou bien il s'agit là du couffin du nourrisson Philippe, ou bien il est fait allusion à un panier de commissions accompagné d'une somme d'argent (le « petit philippe » et le « gros philippe » désignant des pièces de monnaie, dans l'argot du XIXe siècle). Mais dans les deux cas le sens est le même : perdre absolument tout.

APPELER LAMBERT. Par un cheminement qui vaut la peine d'être retracé – ne serait-ce que pour attester de la créativité des auteurs de dictionnaires d'argot du XIXe siècle – la locution en serait arrivée à signifier, selon Delvau, « se moquer de quelqu'un dans la rue ».

Le 15 août 1864, sitôt débarquée du train qui l'amenait de sa campagne à Paris pour ce jour de fête, une femme égara son Lambert de mari. « Lambert ! Ohé, Lambert ! Avez-vous vu Lambert ? » allait-elle criant par les rues à la recherche de son mari. Vraie ou fausse, l'anecdote fit bientôt le tour de Paris, et « pendant trois ou quatre mois, on n'entendit que ce cri », rapporte Rigaud en 1888. De là, la locution « appeler Lambert » devint une plaisanterie, et le prénom Lambert, selon Delvau, le « nom qu'on donne, depuis l'été de 1864, à toute personne dont on ignore le nom véritable ». Le brave Lambert égaré est depuis longtemps oublié, mais, comme pour lui rendre hommage, on n'hésitera pas en ce début de XXIe siècle à affubler par dérision tout inconnu du prénom de « Jean-Michel » !

À bras-le-corps

S'enfuir, courir, aller à pied ou à cheval… Les prénoms se glissent aussi dans des expressions pour célébrer tous les mouvements du corps.

FAIRE JACQUES DÉLOGE. « C'est par allusion de déloger », explicite Oudin en relevant cette expression au XVIIe siècle. « Déloger », qui signifie proprement « sortir d'un logement pour aller s'établir ailleurs », s'employait familièrement au sens de « décamper ». Littré insiste sur le caractère furtif de cette fuite, en donnant pour définition de l'expression : « s'en aller au plus vite et sans bruit ». Une nuance qui se teinte d'indélicatesse dans la langue populaire du XIXe siècle, où l'expression, selon Delvau, était employée au sens exact de « partir précipitamment sans payer son terme ou sans prendre congé de la compagnie ».

On s'accordera avec Littré pour voir dans ce « Jacques », « un nom propre pris d'une manière générale » pouvant s'appliquer à tout un chacun, mais on ne le suivra pas dans son interprétation syntaxique de la phrase, qui voudrait que l'on ait affaire à un « ordre qui est donné à Jacques » (« Jacques, déloge ! »). Il s'agit plus vraisemblablement d'un présent de l'indicatif, qui s'amuse à contrefaire un nom propre (« Jacques

Desloges », en ancien français). Littré abonde d'ailleurs dans ce sens, en citant l'expression « prendre Jacques Déloge pour son procureur » qui signifiait s'enfuir, s'évader.

FAIRE GILLES. On a déjà vu plus haut comment l'image du niais s'était associée au prénom Gilles (cf. « Jouer les Gilles »). Mais ce n'est pas à cette acception qu'il faut se référer pour comprendre cette expression datée du XVIe siècle.

Selon la version commune à plusieurs commentateurs, la locution garderait trace d'un ancien « Gille », prince du Languedoc pour les uns, de Hongrie pour les autres, qui se serait enfui secrètement pour ne pas être couronné roi. À ce point, la légende rejoint l'hagiographie de saint Gilles, célébré avec ferveur au Moyen Âge, et cette fuite du futur souverain est interprétée comme un acte d'abnégation, puisqu'« il préféra l'obscurité et la prière aux honneurs de ce monde », explique Le Gai. La locution est en tout cas encore bien vivante dans l'argot du XIXe siècle au sens de s'enfuir, déguerpir en vitesse, ce qui fait dire avec humour à Delvau que Gilles est le nom de « tous les hommes dont l'esprit et le cœur ne se sont pas développés autant que les jambes » !

« … tous nos gens ont troussé leurs quilles,
tous les soldats pris le mousquet,
tout a drillé, tout a fait gilles,
chacun a plié son pacquet. » Charles Coypeau d'Assoucy, *Poësies et lettres*… contenant diverses pièces héroïques, satiriques et burlesques, 1653.

SUIS-MOI, JACQUET, JE TE FERAI DU BIEN. Dès le XVIIe siècle, on employait cette formule toute faite pour engager familièrement quelqu'un à nous accompagner. Le tutoiement, l'emploi du diminutif « Jacquet » qui servait alors à désigner un niais, et cette vague promesse alléchante et un peu équivoque de lui « faire du bien » : autant d'éléments qui invitent à penser que l'expression s'employait dans un registre humoristique, pour instaurer une relation de connivence avec celui qui était invité à suivre.

SE LEVER DÈS LE POTRON-JACQUET. On emploie toujours cette locution aujourd'hui mais sous une forme un peu différente (mais non moins impénétrable) : « se lever dès potron-minet ». Tout le monde comprendra qu'il s'agit d'une heure très matinale, l'aube, moment que choisit le chat (« minet ») pour vaquer à ses occupations en nous montrant son postérieur (« potron » du latin *posterus* qui, n'étant plus du tout compris, se rencontre aussi sous la forme « patron »). Avant qu'on ne fasse appel au chat très commun pour symboliser cette heure matinale, on s'en référait au début du XVIIe siècle à l'écureuil, baptisé du nom de « Jacquet », petit Jacques, animal réputé pour être très actif au point du jour.

ÊTRE LÉGER COMME L'OISEAU SAINT LUC. À première vue, la comparaison n'a rien d'étonnant : léger comme un oiseau… Mais si l'on cherche à savoir de quelle espèce est cet oiseau *de* saint Luc (selon la construction directe ancienne du complément de nom, qu'on a déjà eu l'occasion de rappeler plusieurs fois), on saisit la nuance ironique de l'image. En effet, saint Luc, médecin à Antioche avant de suivre saint Paul et de devenir l'auteur du troisième Évangile, apparaît d'ordinaire flanqué d'un bœuf ailé. Dire à quelqu'un qu'il est « léger comme l'oiseau saint Luc » constitue donc depuis le XVIIe siècle une antiphrase pour lui signifier qu'on le trouve, physiquement ou par son esprit, aussi lourd qu'un bœuf !

QUAND SAINT GEORGES VA À CHEVAL, SAINT YVES VA A PIED. Aucune chance de déchiffrer cette locution proverbiale mentionnée par Le Gai au XIXe siècle, si l'on ignore que saint Georges est traditionnellement représenté comme un chevalier revêtu d'une cuirasse et armé d'une lance, monté sur son cheval et terrassant un dragon, tandis qu'Yves, qui fut avocat à Rennes où il défendit les plus pauvres avant d'être ordonné prêtre, est considéré comme le saint patron des avocats (et des Bretons !). Par le contraste établi entre « aller à cheval » et « aller à pied » appliqué aux deux saints, cette locution suggère que lorsque la guerre fait rage, la justice et toutes les affaires qui s'y rapportent sont en piteux état.

AVOIR L'HÔTEL DE SAINT JULIEN. Une expression qui repose sur la connaissance de l'épithète de nature qui accompagne la mention de saint Julien, à savoir « l'Hospitalier ». Littré note que saint Julien « faisait trouver bon gîte » au voyageur, à condition qu'il ait « dit l'oraison au matin ». Comme le conte Flaubert dans sa *Légende de saint Julien l'Hospitalier*, afin d'expier le crime involontaire de ses parents, saint Julien devint mendiant et, tel l'infortuné Charon des Enfers, passeur d'un fleuve, offrant asile à ceux qui en avaient besoin, ce qui l'aurait voué à devenir le saint patron des voyageurs en quête d'un lit. L'expression signifie donc jouir d'un bon hébergement et, selon La Mésangère, se rencontrait déjà dans de nombreux fabliaux.

ÊTRE SUR LE GRIL COMME SAINT LAURENT. D'après la légende, saint Laurent qui était premier diacre du pape Sixte II sous le règne de l'empereur romain Valérien, en 258, pour avoir refusé de livrer les biens de l'Église au préfet de Rome, aurait été attaché à un grand gril placé au-dessus de charbons qui n'étaient qu'à demi enflammés, afin que son supplice durât plus longtemps. Reprenant cette image saisissante, l'expression mentionnée par Littré s'employait pour suggérer que quelqu'un se trouvait dans une position pour le moins inconfortable !

« ... car si je puis en fait d'argent me retourner *sur le gril comme Saint-Laurent* afin de ne pas tourmenter un ami, je ne puis pas faire bon marché de ma réputation qui est mon seul bien et la source de tout pour un barbouilleur de papier. » Honoré de Balzac, *Correspondance*, 1832.

Glissant avec aisance de l'évocation des saints à celle des seins, les expressions du corps exploitent les ressources des prénoms pour parler de sexe à mots couverts.

AVOIR DES ROBERTS DE CHEZ MICHELIN. « Le meilleur, n'épuisant pas les enfants » : telle était la devise du biberon Robert vers la fin du XIXe siècle, du nom de son inventeur Édouard Robert, entrepreneur dijonnais qui mit au point la première tétine en caoutchouc. Au début du XXe siècle, le nom du biberon à tétine n'eut pas besoin de faire preuve d'une grande imagination pour s'appliquer directement aux seins, en passant, comme la physiologie l'y obligeait, au pluriel : des roberts.

On s'éloigne cependant de nos biberons nourriciers d'origine avec cette expression « Avoir des roberts de chez Michelin » qui, en leur attribuant pour provenance les célèbres usines Michelin, assimile les « roberts » à des pneus, vers la fin du XXe siècle, lorsque se popularisent les seins siliconés. Depuis quelques années, toutefois, ces roberts séculaires semblent avoir perdu du terrain, supplantés par un élément gonflable lui aussi en rapport avec l'automobile, « les *airbags* » !

« Aussi avec ses économies elle s'était acheté un soutif qu'elle rembourrait n'importe comment avec tout ce qui lui tombait sous la main. Moi je lui disais rien, mais je trouvais que ça faisait plutôt bizarre. Elle avait l'air d'avoir des roberts tout cabossés. » Fanny Seguin, *L'Arme à gauche*, 1990.

VOIR SOPHIE. C'est l'expression qu'employaient entre elles les ouvrières, dans la seconde moitié du XIXe siècle pour signifier « avoir ses règles ». Comme on l'a déjà vu plus haut dans la locution « faire sa Sophie », ladite Sophie, faisant tour à tour la sage et la fine bouche, est assurément ressentie comme une « emmerdeuse » qui, pour comble, impose chaque mois sa présence sans y être invitée !

MENER PROSPER AU CIRQUE. Prosper n'est que l'un des innombrables surnoms prêtés au sexe masculin qui apparaît aussi sous l'identité de frère Jacques, Jacquot, Popaul, Charles, Pascal, Félix, Ferdinand, Gaspard, pour ne citer que les plus courants.

L'expression a vu le jour vers le milieu du XXe siècle et se rencontre également sous la forme « mener le petit au cirque » ou « emmener Popaul au cirque », la métaphore de l'enfant qu'on conduit au spectacle de cirque traduisant, comme on s'en doute, l'acte sexuel envisagé du point de vue masculin.

FÊTER SAINT NOC ET SAINT LUC. « Messire Luc » ou « saint Luc » n'ont pas attendu la mode du verlan pour désigner en langage à peine codé le « cul ». Et ce mystérieux saint Noc aux consonances vietnamiennes est, lui aussi, à interpréter comme une forme de verlan, pour le « con », sexe féminin. Dans le langage libertin du XVIIIe siècle, ce serait sacrifier à l'un et l'autre temple.

ÉTRANGLER POPAUL/FAIRE SAUTER LA CERVELLE À CHARLES-LE-CHAUVE. L'une convoque un diminutif du prénom Paul déjà évoqué, l'autre en appelle faussement à l'autorité d'un vénérable personnage historique (Charles II dit « le Chauve », 823-877), l'une et l'autre imposent l'image d'une exécution violente (étrangler/faire sauter la cervelle). De fait, apparues dans la deuxième moitié du XXe siècle, ces deux expressions proposent une métaphore facilement déchiffrable de la masturbation. Et on rappellera aussi pour le plaisir l'un des nombreux noms qu'a reçus en argot le préservatif : « imperméable à Popaul » !

« — Écoute, Victoire, du moment que pendant mes congés tu te consacres, eh bien ça m'suffit ! Tu f'ras glisser Popaul le samedi, le dimanche et les fêtes. Le reste ? J'veux pas savoir !... » Jean Vautrin, *Bloody Mary*, 1979.

Tailler un costard

Le petit nombre d'expressions qui ont trait au vêtement mettent en scène des Pierre, Paul ou Jacques fichus comme l'as de pique !

ÊTRE HABILLÉ COMME LA CHIENNE À JACQUES. La forme de cette locution populaire, très employée au Québec, est peut-être fondée sur un malentendu. En effet, ce Jacques Aubert, qui vivait au bord du fleuve Saint-Laurent dans la seule compagnie d'une chienne malade qu'il protégeait en hiver en la couvrant de vieux vêtements, provoquant l'hilarité de tous, ce Jacques-là pourrait bien n'être qu'une invention créée de toutes pièces pour justifier une expression courante dont la forme n'était plus comprise. Une forme qui ne faisait peut-être pas appel anciennement au Jacques en tant que prénom mais au nom commun « jaque ou jacque », qui désignait autrefois un pourpoint ou une cotte de mailles. On conçoit en effet, qu'« être habillé comme une chienne en *ou* à jacque » puisse être d'aussi bon goût et aussi élégant qu'un tablier mis à une vache, pour reprendre une autre expression faisant intervenir l'image d'un animal rendu ridicule par un vêtement inadéquat !

DÉSHABILLER PIERRE POUR HABILLER PAUL. La forme ancienne de cette locution aiguille vers son origine : « découvrir saint Pierre pour couvrir saint Paul ». Car il s'agissait bien de saints au XVIIe siècle, l'expression faisant référence à la coutume d'habiller les statues, de les parer lors de fêtes et de processions. Et lorsque la paroisse ne roulait pas sur l'or, il était d'usage d'ôter les vêtements du saint dont la fête était passée pour en vêtir le saint que l'on s'apprêtait à honorer. La Mésangère précise que la coutume perdure au milieu du XIXe siècle dans certains villages français. À partir de l'idée de prendre à l'un pour donner à l'autre, les interprétations de la locution sont multiples : résoudre un problème en en créant un nouveau, remédier à un inconvénient par un inconvénient, contracter une nouvelle dette pour en régler une ancienne…

ATTACHER PIERRE AVEC PAUL. On a désormais l'habitude de voir les deux apôtres associés l'un à l'autre dans une expression, mais de là à les attacher, tout de même !

Cette locution appartient à la langue familière du XXe siècle, et s'adresse tout particulièrement aux jeunes enfants qui peinent encore à boutonner leurs vêtements, ou aux distraits qui s'habillent à la va-vite. On emploie aussi l'expression « attacher le lundi avec le mardi », ou « mettre le samedi avec le dimanche » avec le même sens : les deux pans du vêtement sont en décalage et les boutons ne sont pas dans la boutonnière qui leur correspond.

À boire et à manger

Relevant du vocabulaire très familier, les locutions qui célèbrent les joies du ventre à l'aide d'un prénom donnent volontiers dans l'excès et la trivialité.

DÉCHAUSSER BERTRAND. Contrairement à ce qu'on pourrait croire, on n'est plus avec cette expression dans le registre de la parure mais dans celui de l'ivresse ! Le Gai écrit qu'il s'agit là d'une « locution triviale très ancienne » qui signifie « boire à l'excès », mais avoue n'avoir pas pu en établir l'origine. Et il est vrai que, hormis la certitude d'en remonter la trace jusqu'au début du XVIIe siècle, on dispose de très peu d'éléments pour analyser cette image.

On a déjà vu plus haut dans d'autres expressions populaires que le prénom Bertrand servait à incarner un bon bougre, un quidam. Quant au verbe « déchausser », il n'exprime pas ici l'idée d'enlever les chaussures dudit Bertrand, mais ouvre sans doute sur un jeu de mots dont on a perdu la clé. Une piste de recherches mériterait peut-être d'être explorée : dans le vocabulaire agricole, « déchausser un arbre » signifie déjà à date ancienne dégager le pied de l'arbre, et tout particulièrement un pied de vigne. De la vigne à l'ivresse, il n'y a qu'un pas que l'on franchira d'autant plus facilement qu'au Moyen Âge, on donnait le nom de « déchaussage » à « ce qu'une nouvelle mariée donnait aux jeunes garçons le jour de ses noces pour boire », note le *Trésor de la langue française.*

ASPHYXIER LE PIERROT. On s'abreuvera à présent d'une métaphore populaire du XIXe siècle, dont Larchey nous révèle le sens exact : « boire un verre de blanc. Allusion de couleur. Pierrot est blanc ». C'est donc du personnage du Pierrot lunaire qu'il est ici question, dont le buveur, en serrant son verre dans sa main, étrangle le cou. Et s'il s'agissait d'absinthe, de couleur verte, on disait alors : « asphyxier (étouffer, étrangler) un perroquet » !

AVOIR LA MARIANNE DANS L'ŒIL ! Encore une métaphore de l'ivresse relevée dans la langue populaire du XIXe siècle, qui fait intervenir l'allégorie de la République française. Delvau en établit le sens précis : « clignoter des yeux sous l'influence de l'ivresse », nous laissant un peu sur notre faim quant à la présence de cette « Marianne » pour transcrire les effets de l'alcool, même si l'on conçoit aisément qu'avoir la République dans l'œil puisse quelque peu obstruer la vue !

FAIRE TRIMER LES MATHURINS. Par allusion au costume des Mathurins, moines portant une robe blanche et un manteau noir, l'argot a gratifié au XIXe siècle du surnom de « mathurins » les dés – tout particulièrement les dés pipés que les camelots utilisaient pour rouler le badaud – ainsi que les dominos et, de là par analogie, les « dominos » du corps humain, c'est-à-dire les dents. Le verbe « trimer » signifiant depuis le XVIIIe siècle « travailler dur », on comprend dès lors que cette image, qui pourrait sembler de prime abord évoquer l'esclavagisme, ne signifie rien d'autre que faire travailler ses dents, à savoir « manger » !

IL NE FAUT POINT LIRE LA VIE DE SAINTE MARGUERITE, NOUS AVONS BELLE DÉLIVRANCE. Une phrase entière dont on n'a plus aucune chance de saisir le sens ni les emplois sans l'aide d'Oudin, pour qui elle était bien vivante au XVIIe siècle : « Cela se dit quand on voit la compagnie manger fort vite ou de bon appétit. » Mais pourrait-on en savoir un peu plus sur cette métaphore de la bonne chère ?

Le mot « délivrance » nous oriente vers l'idée d'accouchement, et il semble bien que ce soit de ce côté-là qu'il faille chercher, puisque sainte Marguerite, dont la légende voulait qu'elle eût réussi à sortir du ventre du dragon qui l'avait avalée, était invoquée au Moyen Âge pour mener à bien les accouchements. Aussi avait-on coutume de lire sa vie pleine de rebondissements au chevet de la future parturiente. Une lecture jugée par conséquent inutile pour ceux qui se remplissent le ventre en faisant ripaille !

IL EST COMME SAINT JACQUES-DE-L'HÔPITAL, IL A LE NEZ TOURNÉ À LA FRIANDISE. C'est La Mésangère qui relève dans ses locutions proverbiales cette phrase populaire dont on se servait pour parler d'un gourmand, et il nous en fournit la clé. Sur la façade de l'église Saint-Jacques, à Paris, l'image du saint semble regarder avec intérêt vers la rue aux Ours qui n'a jamais vu d'ours mais bien de délectables oies (autrefois « Oues ») puisque c'était autrefois la rue des rôtisseurs !

« Chacun sait que qui monte une fois sur un ours n'a jamais peur, mais vous avez le nez tourné à la friandise, comme Saint-Jacques de l'Hôpital. » Victor Hugo, *Notre-Dame de Paris : 1482*, 1831.

AVALER LE GASPARD. Vers le milieu du XIXe siècle, un « gaspard » désignait en argot un gros rat. La rapidité et l'agilité de l'animal en firent également, toujours dans la langue populaire du XIXe siècle, le synonyme d'un gars rusé – à moins que l'explication ne réside dans la ressemblance de « Gaspard » avec « lascar » ! En tout cas, dans cette locution apparue au début du XXe siècle, le petit mammifère est irrévérencieusement assimilé à l'hostie, et « avaler le gaspard », qui se rencontre aussi sous la forme « bouffer Gaspard », signifie communier.

Au petit coin

On reste dans la même tonalité avec ces quelques expressions qui associent certains prénoms à des références scatologiques.

FAIRE PLEURER PAULINE. Cette expression argotique du XXe siècle résulte du croisement de plusieurs formules auquel est venu s'additionner un calembour de potache ! En effet, « faire pleurer son aveugle » signifie depuis le milieu du XIXe siècle, « uriner », et Colin relève au XXe siècle avec le même sens « faire pleurer la fauvette *ou* le colosse ». Par ailleurs, comme on aura l'occasion de le redire plus loin, Popaul est le diminutif affectif donné au pénis dans l'argot du XXe siècle. Cette « Pauline » qu'on fait pleurer ne serait donc qu'une version féminine de notre Popaul dont on s'expliquerait mal l'intérêt, si la lecture de Corneille ne nous tendait une perche salvatrice. En effet, dans la tragédie datée de 1641, *Polyeucte*, qui raconte le martyre que subit Polyeucte de Métylène en 259 pour sa conversion à la religion chrétienne, Néarque conseille à son ami Polyeucte, qui s'alarme du chagrin que va causer son choix à sa femme Pauline :

« [...] Laissez pleurer Pauline.

Dieu ne veut point d'un cœur où le monde domine,

Qui regarde en arrière, et douteux de son choix,

Lorsque sa voix l'appelle, écoute une autre voix » Acte I, scène 1.

LÂCHER UNE LOUISE. L'expression ne remonte pas au-delà du milieu du XXe siècle, mais son sens est bien établi et largement répandu : une louise est un nom commun qui désigne un pet. Mais comment le prénom en est-il arrivé à prendre ce sens ?

Pour dire vrai, on n'a trouvé aucune réponse satisfaisante à cette question. Colin propose d'y voir un abrègement de Marie-Louise employé au même sens sans que l'on sache non plus pourquoi, tandis que Cellard et Rey le rapprochent de « perlouse ». Faudrait-il lui supposer pour origine une plaisanterie de nature scatologique qui se serait appliquée aux nouvelles recrues, puisque les « Marie-Louise » fut le sobriquet donné durant la Première Guerre mondiale aux conscrits de la classe 15, en hommage à leurs aînés, levés un siècle plus tôt par un décret signé de la main de l'impératrice Marie-Louise ?

PASSER LA JAMBE À JULES. On a rencontré plus haut Jules le proxénète, Jules l'amant de cœur, mais on a ici affaire à un Jules encore plus ancien, le Jules « chosifié » en pot de chambre. La métamorphose date approximativement du milieu du XIXe siècle, et notre Jules partage cet insigne honneur avec Thomas, lequel l'aurait en quelque sorte

« attiré » dans cette fonction à cause de la plaisanterie qui circulait au XIXe siècle, faisant, comme l'explique Esnault, de Jules l'égal de Thomas : « Je suis comme Jules, incrédule ! »

PASSER LA JAMBE À THOMAS. Pour expliquer ce Jules, il faut donc remonter à Thomas, ou plutôt à saint Thomas, qui ne croit que ce qu'il voit. Ainsi, la prière latine (que l'on connaissait par cœur au XIXe siècle) « *Vide Tomas vide latus* », où Jésus invitait Thomas à constater par lui-même l'authenticité de ses plaies : « Vois, Thomas, vois mon flanc » prise au pied de la lettre donnerait, translittérée en français : « vidé Thomas vidé l'as-tu ? » qu'on s'amusa à détourner en « as-tu vidé Thomas ? » appliqué au vase de nuit !

Jules l'incrédule a donc pris par contagion le même sens, et l'expression « passer la jambe à Thomas *ou* à Jules » signifiait « faire basculer le récipient pour le vider ».

De même, toujours sous forme de personnification, **PRENDRE THOMAS PAR LES OREILLES** signifiait saisir le pot, **FAIRE RONFLER THOMAS**, déféquer, **AVOIR AVALÉ THOMAS** s'appliquait à quelqu'un qui avait très mauvaise haleine, et **LA VEUVE THOMAS** servait à désigner la chaise percée !

ALLER CHEZ THOMAS, JULES, SIMON, BERNARD. Associé à l'hospitalité de tous ces prénoms, le verbe « aller » suggère la fréquentation de ce qu'on appelait autrefois « lieux d'aisances ». Comme Thomas et Jules, Simon apparaît dans cette fonction au XIXe siècle, et Bernard au même moment, reprenant le flambeau d'une expression qui avait cours au

XVIIe siècle, avec le sens de déféquer : « **PASSER PAR L'ARC SAINT BERNARD** ».

Et le Bernard connaissait même une version destinée exclusivement aux dames, ainsi que le précise Rigaud : « Les personnes du sexe faible disent volontiers : aller voir Mme Bernard, aller voir comment se porte Mme Bernard. »

Au chevet du malade

Loin de se contenter d'évoquer les seuls plaisirs du corps, les expressions avec prénoms s'appliquent aussi à dire les maux qui le frappent, allant jusqu'à transcrire dans leur langue allégorique le plus grand de tous : la mort.

HEURTER À LA BOUTIQUE DE SAINT CÔME. D'après la définition qu'en donne Oudin au XVIIe siècle, l'expression signifie « prendre la vérole et avoir besoin de chirurgie ». Côme, ainsi que son frère Damien, deux médecins arabes qui soignaient gratuitement leurs patients, furent martyrisés sous l'empereur Dioclétien, vers 300. Très populaires au Moyen Âge, ils sont tous deux les saints patrons des médecins.

Mais ce saint porteur d'un joli nom, Côme, qui signifie en grec l'univers (*kosmos*), n'est pas le seul à s'être vu assigner personnellement le traitement d'une maladie. De fait, on associait de façon commode une maladie donnée à un saint particulier, qu'il suffisait alors d'invoquer avec suffisamment de ferveur pour espérer guérir. Ainsi, **IL A LE MAL SAINT**

GILLES, signifiait dès le XVIe siècle, il a un cancer ; tandis que **LE MAL SAINT LAZARE** désignait la lèpre ; **LE MAL SAINT JEAN**, l'épilepsie ; **LE MAL SAINT FIACRE**, les hémorroïdes ; **LE MAL SAINT ÉLOI**, le scorbut ; **LE MAL SAINT MARTIN**, l'ivrognerie (« À la Saint-Martin – le 11 novembre –, bois le vin » intimait l'adage du Moyen Âge). Mais aussi d'autres maux de nature moins physiologique : **LE MAL SAINT FRANÇOIS**, la pauvreté ; **LE MAL THIBAUT**, la bêtise ; **LE MAL SAINT ZACHARIE**, le silence...

« Malade *du mal saint Martin*

Et aussi ront qu'un tonnellet. » Charles d'Orléans, *Ballades* (XCI), 1415.

AVOIR LA DANSE DE SAINT GUY. C'est le nom vulgaire donné à la maladie nerveuse appelée scientifiquement la « chorée », qui est de la même famille que le « chœur », puisqu'elle se manifeste par des mouvements convulsifs des membres qui évoquent une danse. Avec l'espoir de ne pas finir sur le bûcher, convaincus de possession démoniaque, les malades qui en souffraient au Moyen Âge invoquaient avec ferveur saint Jean et saint Guy, tous deux réputés guérir les affections convulsives. D'une ambivalence fondamentale, saint Guy était également considéré comme détenteur du pouvoir de les infliger. Aussi était-ce la coutume, pour obtenir la guérison ou se concilier sa bonne grâce, de mener des danses en son honneur, le jour de sa fête, le 15 juin.

Dans la langue familière, depuis le XIXe siècle, on dit communément à quelqu'un qui s'agite sans cesse, qui ne tient pas en place : « Tu as la danse de saint Guy, ou quoi ? »

« Le brigadier était devenu pâle comme un mort. Sous le drap épais de la culotte, ses mains fiévreuses avaient la danse de Saint Guy. » Georges Courteline, *Le Train de 8 h 47*, 1888.

FAIRE RAFRAÎCHIR COLAS. Ce Colas, diminutif de Nicolas, dont on a déjà signalé plus haut dans d'autres expressions les connotations un peu niaises, est ici à interpréter comme un nom commun désignant le col, le cou. Colin signale au début du XIXe siècle la formule « faire suer le colas » pour dire, dans l'argot des assassins, couper le cou, et « faucher le colas », ou « faire rafraîchir colas », comme on fait rafraîchir sa « coupe » chez le coiffeur, c'est « guillotiner ».

« – Que le béquilleur lui fauche le colas, à cette petite gueuse ! s'écria la Chouette en fureur. » Eugène Sue, *Les Mystères de Paris*, 1843.

Quant à l'exécution plus ancienne, la pendaison, sa désignation dans la langue populaire s'inspirait d'un autre prénom, puisque, comme le note Oudin au XVIIe siècle, on désignait le pendu par l'expression de **CHEVALIER DE L'ORDRE DE JEAN-GUILLAUME**.

ALLER VOIR CHARLOTTE. Dès le XVIIIe siècle, à cause du prénom Charles porté par plusieurs représentants de la famille des Sanson qui se succédaient dans la charge de bourreau, le langage populaire donna au bourreau le surnom familier de « Charlot ».

Et la guillotine devint, au XIXe siècle, « la bascule à Charlot », « le rasoir à Charlot » ou « le couteau de Charlot » mais aussi, en tant que compagne infaillible du bourreau, « la femme à Charlot » puis « la Charlotte ». « Aller voir Charlotte », c'est donc avoir affaire à l'instrument du bourreau, à savoir se faire guillotiner !

LE JOUR DE LA SAINT-JEAN-BAPTISTE. Saint Jean-Baptiste, lorsqu'il n'était pas évoqué pour désigner un patron de bar, un cabaretier, par « allusion », explique Delvau, « à l'eau baptismale que l'on ajoute au vin pour le rendre digne d'être bu par des chrétiens », se trouvait mentionné, comme dans cette expression, pour sa tragique fin. En effet, Jean le Baptiste, fils de Zacharie, fut décapité sur l'ordre d'Hérode Antipas cédant, selon la légende, au vœu de l'envoûtante Salomé qui réclama que lui fût livrée sur un plateau la tête du saint emprisonné. Comment, dès lors, mieux honorer la fête du saint en question qu'en lui offrant une bonne petite exécution capitale ? C'est le sens ironique de cette expression qui circulait vers la fin du XIXe siècle parmi les prisonniers pour désigner le jour de l'exécution d'un condamné.

LE PALMARÈS DES PRÉNOMS

« Jean ? Que dire de Jean ? C'est un terrible nom
Que jamais n'accompagne une épithète honnête
Jean des Vignes, Jean Lorgne… Où vais-je ? Trouvez bon
Qu'en si beau chemin je m'arrête »,

écrivait au XVIIe siècle la poétesse Madame Deshoulières. Et Furetière complète le tableau dans son dictionnaire en 1690, en donnant pour définition à « Jean » : « Nom propre que le peuple a mis en usage dans la langue, en le joignant abusivement à plusieurs mots injurieux. »

On est effectivement surpris par la longévité et la prolixité dont fait preuve ce Jean, prénom le plus courant en France du Moyen Âge au milieu du XXe siècle, qui concentre sur sa tête tous les procédés de création d'expressions relevés plus haut : euphonie, jeu de mots, calembour, référence, etc., et dont son homonymie avec « gens » est aussi largement exploitée.

En haut du podium

Ils sont venus, ils sont tous là : le distrait, l'imbécile, le curieux, le poltron, le bavard, l'ivrogne, le cocu…

ÊTRE UN JEAN. Une locution qui se distingue avant tout par la multiplicité de ses signifiés, « tu es un Jean » pouvant aussi bien se dire à un imbécile qu'à un cocu, un voleur ou un empêcheur de tourner en rond !

Une constante toutefois unifie ces divers sens : leur dénotation péjorative. Même en cherchant bien, on n'a en effet pas trouvé de locution aux connotations positives, le prénom de Jean semblant avoir traversé des siècles de langage populaire en conservant son statut de bouc émissaire, d'ambassadeur plénipotentiaire des défauts et travers humains !

JEAN DE LA LUNE. C'est le surnom dont on affuble traditionnellement un enfant distrait, un doux rêveur qui a toujours l'air ailleurs et déconnecté des réalités matérielles ou quelqu'un d'un peu niais. Une chanson enfantine du XIXe siècle, dont les paroles sont attribuées à Adrien Pagès et dont le rythme reprend un ancien air militaire, aurait inspiré cette expression, en dessinant les traits d'un personnage hors normes :

« Par une tiède nuit de printemps
Il y a bien de cela cent ans
Que, sous un brin de persil, sans bruit,
Tout menu, naquit
Jean de la Lune (bis)… »

C'EST UN JEAN-FOUTRE/JEAN-FESSE. On n'emploie plus guère la seconde forme, qui datait du XVIIe siècle et passait pour une version atténuée de la première, attestée dès le milieu du XVIIe siècle. Les deux qui pouvaient, à l'occasion, laisser place à un poli **JEAN-SUCRE**, semblent avoir eu un sens et des emplois équivalents : désigner un incapable, un lâche, une canaille, un traître, injurier et manifester son mépris à quelqu'un qui ne possède « rien qui constitue un homme », selon la définition de Delvau.

« Et vous pourrez dire aux officiers que ce n'est pas le moment de se croiser les bras en fumant des pipes, et qu'ils sont des jean-foutre s'ils ne marchent pas. » Maurice Genevoix, *Ceux de 14*, 1950.

Notre Jean se trouve surabondamment représenté dans le domaine de la bêtise : **C'EST UN JEAN FARINE.** L'expression relevée par Oudin au XVIIe siècle fait allusion aux personnages de farce qui se saupoudraient le visage et les cheveux de farine, comme le Gilles ou le Pierrot rencontrés plus haut. C'est là tout ce qu'ose en dire Littré… Mais d'Hautel est plus explicite : « Cette manière de parler déguise un mot fort grossier dont l'usage est très fréquent parmi le peuple. »

C'EST UN JEAN NIQUEDOUILLE. Faisant rime avec « andouille », celui-ci se passera aisément de traduction. Le Niquedouille incarnait, lui aussi, un type de sot au théâtre.

C'EST UN JEAN FICHU L'AÎNÉ. Oudin lui donne le sens de « un badin », qu'on rendrait volontiers aujourd'hui par « un rigolo ». La mention du rang d'aîné laissait supposer qu'il existait aussi un « Jean fichu » junior ! Et, faisant également vibrer la corde familiale, on citera encore dans la lignée **JEAN CUL PARENT DE JEAN FESSE**, relevé au XVIIe siècle par Oudin pour marquer l'imbécillité.

FAIRE LE JEAN LORGNE. Selon Littré, l'expression signifie « faire le sot, l'innocent », un sot qu'on ne peut que se représenter en train de rouler d'énormes yeux de tous côtés, regardant à la dérobée mais avec insistance, comme le veut le sens du verbe « lorgner ».

JEAN RIDOUX, MARGUILLIER DE SAINT-CLOUD. Une formule ronflante qui a cours dès le début du XVIIe siècle pour présenter avec tous ses titres un imbécile patenté. Celui-ci, qui rit bêtement et tout doucement (« ridoux »), entraîne pour les besoins de la rime le toponyme « Saint-Cloud ». Quant au « marguillier », il désigne l'administrateur d'une paroisse, mais en l'occurrence l'administrateur de (saint) clous, à savoir que dalle !

DEUX JEAN ET UN PIERRE FONT UN ÂNE ENTIER. Et si l'on avait encore un doute, ce proverbe relevé au XVIe siècle nous l'ôtera à coup sûr…

Ainsi donc, non seulement notre Jean est un imbécile, mais un imbécile au petit pied, aussi lui faut-il être redoublé et compter avec le secours d'un sot d'une autre facture (le Pierre) pour parvenir à égaler la bêtise d'un seul âne !

QUAND JEAN BÊTE EST MORT, IL A LAISSÉ BIEN DES HÉRITIERS. Pour un imbécile qui disparaît, c'est une descendance entière d'imbéciles importuns (j'embête) qui se déclare ! Le Gai voit dans ce dicton, qu'il qualifie de trivial, ɪlques éclaircissements : « Gros-Jean » symbolisait le type balourd, du paysan nigaud qui se fait toujours rouler, et verbe « devant » avait en français ancien une valeur tem-elle, équivalente à « avant ». À l'exemple de la Perrette de ıble, une fois que tous les espoirs et toutes les illusions t on se berce pendant un moment se sont envolés, on se ɔuve comme on était au point de départ, floué, sans rien.

:'EST GROS-JEAN QUI EN REMONTRE À SON ɜÉ. Et notre imbécile atteint l'apothéose lorsqu'il se met ète de guider les autres de ses conseils ! Cette locution ée par Littré constitue une raillerie que l'on adressait à ɥu'un de mal dégrossi, inculte, afin de lui faire toucher ɔigt l'incongruité qu'il peut y avoir pour un néophyte, un ant, à vouloir donner des leçons à quelqu'un de cultivé ɔécialiste dans un domaine donné.

AIRE COMME SAINT JEAN, QUI DONNAIT LE TÊME SANS L'AVOIR REÇU. Par référence à Jean 'après l'Évangile selon Matthieu (3, 13-17), consentit tiser Jésus alors qu'il espérait lui-même en recevoir le me, cette locution proverbiale, de sens analogue à la dente, s'emploie pour camper un sot, un incompétent, doute de rien et surtout pas de sa capacité à ensei-e que lui-même n'a jamais appris, à transmettre une e dans laquelle il n'a pas été lui-même formé.

:ST UN SAINT JEAN BOUCHE D'OR. On continue des performances de notre Jean avec cette expres-i pourrait être un compliment, si elle n'était prise en se part depuis son apparition au XVIIe siècle.

le prolongement de la sentence biblique : « le nombre des sots est infini ».

« … mais lorsqu'on voulut lui expliquer toute la finesse d'un calambour, il dit dans son style naïf : quand Jean Bête est mort, il a laissé bien des héritiers. » Louis-Sébastien Mercier, *Tableau de Paris*, 1782.

RIS-T'EN, JEAN, ON TE FRIT DES ŒUFS. C'est la formule que l'on adresse, dès le XVIIe siècle, à un sot qui rit mal à propos. Elle constitue à la fois un rappel à l'ordre (surtout ne te prive pas de rigoler !) et un avertissement (ris pendant qu'il en est encore temps), l'annonce de l'omelette imminente à destination de Jean laissant sous-entendre qu'on lui prépare quelque chose de gratiné ! Delvau relève d'ailleurs au XIXe siècle : **PRENDS GARDE, JEAN, ON TE FRIT DES ŒUFS** pour dire à quelqu'un qu'on « s'apprête à lui jouer un mauvais tour ».

IL RESSEMBLE À MESSIRE JEAN QUI NE SAURAIT LIRE QUE DANS SON BRÉVIAIRE *OU* QUI NE PEUT LIRE QUAND ON LE REGARDE.

Les deux tours proverbiaux sont cités par Oudin, au XVIIe siècle, qui leur donne le même sens : « un homme peu adroit, ignorant, peu hardi en compagnie ». Le moins qu'on puisse dire, c'est que la possibilité pour ce Jean de mener à bien sa tentative de lecture est suspendue à nombre de conditions (avoir son propre bréviaire, ne pas être regardé par quelqu'un), ce qui ne campe pas un personnage très savant !

C'EST UN JEAN-JEAN. À ne pas confondre avec le « double Jean » qu'on verra un peu plus loin, le « Jean-Jean » sert à qualifier une catégorie particulière de niais : le conscrit. C'était en effet, en argot militaire, le surnom dont héritaient les jeunes recrues, les bleus, les novices qui ne s'étaient pas encore frottés au feu. De là, le mot est passé dans le vocabulaire familier du XIXe siècle pour désigner, ainsi que le note Delvau, un « homme par trop simple, qui se laisse mener par le bout du nez ».

« Quel jean-jean, ce Poisson ! Et ça portait une épée, ça se permettait de bousculer le monde sur les trottoirs ! » Émile Zola, *L'Assommoir*, 1877.

IL RESSEMBLE AU CHIEN DE JEAN DE NIVELLE QUI S'ENFUIT QUAND ON L'APPELLE. Oudin nous explique en 1640 que cette expression se dit de quelqu'un qui « s'en va lorsqu'il est convié ». Mais qui était ce Jean de Nivelle, et qu'a bien pu faire son chien pour passer ainsi à la postérité ?

Deux versions sont couramment proposées : Jean de Montmorency, seigneur de Nivelle, ayant donné un soufflet à son père, fut convoqué au tribunal à son de trompe pour répondre de son acte. Mais on eut beau l'appeler, il prit la fuite en direction de la Flandre où il avait une terre et des biens. La seconde version fait aussi intervenir le père de Jean de Nivelle, Jean II de Montmorency, qui somma son fils d'aller prêter main forte à Louis XI contre les troupes du duc de Bourgogne. Mais Jean de Nivelle, au lieu de s'exécuter, prit la tangente, déshonorant son père, qui le désavoua et le déshérita. Dans les deux versions en tout cas, il fut unanimement blâmé et on ne parla plus de lui que comme « ce chien de Jean de Nivelle » !

À ce point, les commentateurs confesse
quant à l'authenticité du rapport entre l'ex
agissements du sieur de Nivelle, en faisant
d'une fable de La Fontaine (VIII, 21), *Le Fauc*
où apparaît en chair et en os le chien de
– même si rien n'empêche de penser qu'il p
jeu du fabuliste à prendre au pied de la lettr
figurée alors connue de tous – et d'autre pa
troublante d'un proverbe italien qui, quoiqu'i
récalcitrant au « curé d'Arlotto », dit pour le
la même chose que notre locution. L'imag
s'éloigne, la queue basse, impose en tout
la vision d'un lâche, incapable d'assumer s

« La vilaine s'amouracha de lui ; mais
jeune flûteur avoit sa provision d'amour
eut pas moyen de lui en faire prendre c
craché sur tous les appas de Tarbé, et
chien de Jean De Nivelle, dit-on. » Pier
Télémaque travesti, 1736.

ÊTRE GROS-JEAN COMME DEVA
sion, contrairement à nombre de ses
encore bien vivante au début du XXIe si
aucun doute à la fable de La Fontaine
au lait (1678), déjà évoquée plus hau
dans sa morale :

« Quelque accident fait-il que je ren
Je suis gros-Jean comme devant.

Quoique l'on n'ait pas cessé de l'e
les mots composant cette formule

En effet, il est fait ici allusion à saint Jean Chrysostome (qui signifie littéralement « bouche d'or » en grec) patriarche de Constantinople au IVe siècle, célèbre pour l'éloquence dont il faisait preuve dans ses sermons. Mais la référence se teinte ici d'ironie, et la locution s'applique à un flatteur, un flagorneur ou un bavard impénitent incapable de garder un secret.

UN JEAN QUI DE TOUT SE MÊLE. Datée également du XVIIe siècle, qui semble décidément avoir été une période très féconde pour les expressions fondées sur Jean, cette locution, avec sa proposition relative contenant un complément antéposé (« qui de tout se mêle »), dessine les contours d'un curieux, un importun.

C'EST UN BON JEAN. On l'a compris : dans le Jean, tout est bon, bon pour faire un jeu de mots, bon pour lancer une plaisanterie, bon pour tirer un enseignement moral. C'est Oudin lui-même en 1640 qui, en en donnant le sens, « un cornard », à savoir un porteur de cornes, un cocu, précise que l'expression s'est formée « par renversement du mot jambon » !

C'EST UN DOUBLE JEAN. « Un double cocu ou cornard » se contente de noter encore Oudin sans fournir davantage d'explications. Et l'on ne peut s'empêcher de se demander s'il existait aussi au XVIIe siècle un terme pour désigner les triples ou quadruples cocus...

EN RESTER COMME UN JEAN-LE-CUL. Cette expression, relevée dans le langage populaire du début du XXe siècle, transcrit une réaction d'étonnement, de stupéfaction à un événement ou un propos, de façon très synthétique. En effet, « en rester comme un Jean-le-cul », c'est à la fois en rester comme Jean-le-cul », c'est à la fois en rester comme un Jean, à savoir, ainsi qu'on l'a déjà vu, en rester stupide, et en rester sur le cul !

C'EST LE MARIAGE DE JEAN DES VIGNES. « Jean des vignes » était, dès le XVIIe siècle, une injure adressée à un « homme sot et mal bâti », comme l'explique Furetière. Quitard propose de comprendre l'expression comme « le mariage de gens des vignes » qui met en œuvre une plaisanterie sur le concubinage, puisqu'il s'agit là, glose-t-il, de « ces unions illicites qui se forment entre les vendangeurs et les vendangeuses de divers pays, et qui ne durent que le temps de la vendange ».

Mais, sans qu'il soit besoin de se pencher sur les mœurs amoureuses des vendangeurs et des vendangeuses des siècles passés, on pourrait aussi penser qu'un « mariage de gens des vignes », à savoir une union intime d'ivrognes, ne survit pas à la cuite d'une soirée ! Cela semblerait d'ailleurs s'approcher davantage de la définition qu'en donne Oudin : « Le mariage de Jean des vignes, chacun prend son paquet le lendemain ». On signalera enfin au passage qu'un « Jean de la vigne », pour une raison difficile à démêler, désigne dans l'argot du XIXe siècle un crucifix car, nous explique Rigaud en 1888, « C'était le nom d'un des acteurs de bois (Jean des Vignes) du théâtre de marionnettes à l'époque des représentations de la Passion ».

ÊTRE DE LA PAROISSE DE SAINT-JEAN-LE-ROND. Oudin, en 1640, restait assez flou sur la façon dont il fallait comprendre cette formule toponymique. Mais Delvau vient heureusement nous éclairer en 1867 sur sa localisation exacte, en précisant que « Saint Jean le Rond » est « un des nombreux pseudonymes de messire Luc », dont on a appris la vraie identité plus haut !

S'EN MOQUER COMME DE JEAN DE VERT. Aucun calembour n'est à rechercher du côté de la couleur, puisque ce « Vert », que Littré conseille de prononcer « vêr », ferait allusion à Jean de Werth, général allemand qui, après avoir tenu en échec les troupes françaises en Picardie, fut finalement fait prisonnier à Rheinfelden en 1638 et détenu à Paris, où sa défaite fit l'objet de nombreuses plaisanteries et couplets satiriques.

C'EST UN JEAN DE LAGNY, IL N'A PAS HÂTE. On ne comprendra plus l'allusion aujourd'hui, mais au XIXe siècle, elle était encore suffisamment parlante pour s'appliquer dans la langue familière à une personne qui prend tout son temps et ne se tue pas à la tâche. Littré lui attribue pour origine l'hésitation et l'attentisme qui paralysa le duc de Bourgogne, Jean sans Peur, pendant deux mois à Lagny, lors de son expédition de 1417.

C'EST COMME LE BRÉVIAIRE DE MESSIRE JEAN. C'est l'expression qui s'est formée à la fin du XVIIe siècle pour signifier qu'une chose est évidente, coule de source. On a déjà fait plus haut mention du bréviaire de messire Jean pour parler d'un sot ignorant qui ne peut arriver à lire que dans son propre livre puisqu'il l'a déjà lu, contrairement au bréviaire de son voisin, rigoureusement identique, mais qu'il ne connaît pas ! Ici, paraphrasant une publicité qui connut au XXe siècle son heure de gloire « c'est comme le Port-Salut, c'est écrit dessus », on pourrait dire : « C'est comme le bréviaire de messire Jean », c'est écrit dedans !

C'EST UN TRAIN DE JEAN DE PARIS. Littré explique que ce proverbe s'appliquant à un homme fastueux, qui jette l'argent par les fenêtres, viendrait d'un « personnage légendaire qu'on suppose fils d'un roi de France ». Autant dire que la seule certitude que l'on ait sur le personnage en question tient dans la chanson intitulée *Jean de Paris* du chansonnier Béranger datant du début du XIXe siècle :

« Ris et chante, chante et ris.
Prends tes gants et cours le monde.
Mais, la bourse vide ou ronde,
Reviens dans ton Paris.
Ah ! reviens ! Ah ! reviens, Jean de Paris (bis). »

En l'absence d'éléments historiques avérés, on peut aussi, plus simplement, supposer que la phrase est sortie de la bouche de gens de la campagne ébahis par des dépenses somptuaires : « C'est un train (de vie) de gens de Paris ».

C'EST JEAN QUI PLEURE ET JEAN QUI RIT. On peut aussi inverser la formule : « C'est Jean qui rit et Jean qui pleure », pour l'appliquer à une personne que l'on voit passer des larmes au rire (ou *vice versa*) en un temps très bref. Par la conjonction de coordination « et » qui relie ces deux états opposés, la locution dénonce la quasi-simultanéité et l'artificialité des deux sentiments manifestés, convoquant par l'image de ces deux « Jean » deux types de personnage de farce, le clown triste et le clown gai, proches parents du « Jean Farine » évoqué un peu plus haut.

L'expression tire directement son origine d'un poème de Voltaire daté de 1772, intitulé *Jean qui pleure et qui rit*, qui distille l'idée que la vie n'est qu'alternance de joies et souffrances, plaisirs et douleurs, bonheur et malheur :

« Il le faut avouer, telle est la vie humaine :
Chacun a son lutin qui toujours le promène
Des chagrins aux amusements. »

ÊTRE EN SAINT JEAN. L'expression « nu comme un petit saint Jean » relevée dans les dictionnaires d'argot du XIXe siècle nous oriente quant au sens à donner à cette expression apparue au XXe siècle. En effet, c'est ainsi que saint Jean est représenté, bébé ou enfant, aux côtés de Jésus et de la Vierge Marie (chez Raphaël, Léonard de Vinci…), déjà accompagné de ses attributs traditionnels, la peau de chameau et le bâton terminé par une croix.

De la même façon la locution « être en saint Jean », qui a évacué l'image du jeune enfant, sert à transcrire la nudité d'un homme ou d'une femme.

FAIRE LE SAINT JEAN. Par allusion plaisante au geste de l'index de saint Jean-Baptiste tel qu'il est représenté par Léonard de Vinci, l'expression s'emploie pour désigner, dans l'argot des voleurs du XIXe siècle, un signal de connivence qui s'échangeait entre complices en levant l'index et le médium (ou tout autre signal convenu entre des comparses, comme ôter son chapeau, toucher sa cravate…).

PRENDRE SON SAINT JEAN. Distincte du champ d'application de la précédente, cette expression relève de l'argot des typographes au XIXe siècle. En effet, dans le registre de l'imprimerie, le saint Jean désigne l'ensemble des outils du typographe, et « prendre (ou emporter) son saint Jean », c'est quitter l'atelier en emportant les outils du compositeur. De là, l'expression s'est appliquée dans le langage des voleurs à d'autres outils, de ceux qui servent à un faire un casse…

EMPLOYER TOUTES LES HERBES DE LA SAINT-JEAN. Dès le milieu du XVIe siècle, la locution s'emploie aussi bien au sens propre qu'au sens figuré. Dans son acception médicinale, elle signifie que l'on use de tous les remèdes possibles pour venir à bout d'une maladie, les herbes, tels le lierre terrestre, l'armoise et le millepertuis, cueillies à l'aube de la Saint-Jean, le 24 juin, étant réputées pour posséder des vertus exceptionnelles. Et, par métaphore, l'expression suggère que tout est mis en œuvre sans rien laisser de côté pour assurer la réussite d'une entreprise.

« Puisignieux et moi, nous voulons entrer tout de suite en possession de ton fauteuil vert de directeur… après dîner, nous passerons un petit traité entre nous, un projet, si tu veux, quitte à y mettre toutes les herbes de la saint-Jean, après que la tante aura fait ses malles. » Edmond et Jules de Goncourt, *Charles Demailly*, 1860.

PRÈS DE TELLE CHOSE, CELA N'EST QUE DE LA SAINT-JEAN. L'expression s'emploie au XIXe siècle pour signifier, en la comparant à une autre, la qualité inférieure d'une chose. Après nos herbes de la Saint-Jean, reconnues d'une qualité incomparable, on pourrait s'étonner d'un tel sens, mais Littré l'explique par référence aux « poires de la Saint-Jean » qui mûrissent dans les derniers jours de juin, appellation d'une espèce de poires petites et de moindre qualité. Et d'Hautel précise : « Il n'est que de la saint Jean. Se dit pour abaisser le mérite de quelqu'un, et pour faire entendre qu'un autre lui est bien supérieur. »

On pourrait encore allonger la liste par « Jean Guêtré » (le paysan), « Jean Raisin » (le vigneron), « Jean de la Suie » (le ramoneur), « Jean doucet » employé pour qualifier un flatteur, et aussi l'omnipotent « Jean-fait-tout », ou le sympathique « Maître Jean l'ivrogne, curé de Pomponne », et le dernier en date, cueilli sur Internet, comme pour prouver que les dénominations fondées sur Jean sont loin d'être mortes : le « Jean-Kévin » employé pour désigner « un hacker mononeuronal »...

L'important, c'est de participer

Loin derrière les Jean, vraiment très loin, arrivent les Marie. Et la symbolique véhiculée par leurs champs d'action respectifs se révèle bien différente...

Jean et Marie sont les deux prénoms phares à la suprématie incontestée jusqu'à la fin des années 1950. Chacun leur donnera les traits qu'il voudra : Jean Valjean de Victor Hugo et Marie Arnoux de Gustave Flaubert, pour les uns, Jean Dujardin et Marie Curie pour les autres.

Comme le faisait Jean avec les hommes, Marie peut être employée pour désigner une fille quelconque, n'importe quelle fille. Comme lui, elle peut symboliser des travers humains, mais dans une version féminine qui diffère passablement des défauts masculins : « Marie », écrit d'Hautel, « nom de femme auquel on ajoute souvent une épithète injurieuse ». Marie restant très intimement liée à la Vierge, elle est souvent associée à l'innocence et à la pureté, et par là même appliquée à des petites filles. Ce qui fait d'elle, dans le même temps, la cible idéale pour tous les jeux de transgression argotique.

JÉSUS, MARIE, JOSEPH ! Exclamation ancienne et populaire servant à transcrire la surprise, la frayeur, la stupeur, l'admiration, etc. Plus forte que d'autres invocations analogues, comme « doux Jésus ! » ou « Jésus Marie ! », la formule qui prend à témoin la sainte famille au grand complet semble se vouer à transcrire une émotion d'importance.

ÊTRE AU BAIN-MARIE. On a déjà mentionné plus haut l'ordre donné par plaisanterie à une petite fille qui renâcle à se laver : « au bain, Marie ! ». Ici, la technique de cuisson du bain-marie est une métaphore employée pour suggérer la tiédeur et la mollesse. En effet, dans le langage populaire du XIXe siècle, dire d'un homme ou d'une femme qu'« il ou elle est au bain-marie » suggère quelqu'un de nonchalant, amorphe.

« Si l'on ne savait que les alchimistes se servaient du bain-marie et que Marie la Juive a passé pour pratiquer l'alchimie à l'époque alexandrine, personne ne pourrait expliquer le terme *bain-marie*. Dans son dictionnaire, qu'on admire d'autant plus qu'on le connaît davantage, Littré s'est posé la question sans la résoudre. » Antoine Meillet, *Sur l'étymologie du français*, 1932.

UNE FLEUR DE MARIE. Par « allusion à l'Immaculée », comme le note Larchey, l'expression désigne au XIXe siècle la virginité. La jeune fille qui possédait encore « sa fleur de Marie » recevait elle-même, par métonymie, en langage argotique le surnom de « Fleur-de-Marie ».

UNE ENFANT DE MARIE. L'expression datée du XIXe siècle, détournée de son sens propre de jeune fille membre d'une congrégation vouée au culte de la Vierge Marie, s'employait en argot – et s'emploie encore – pour désigner une fille chaste, pudique.

UNE MARIE-SALOPE. « Des maries-salopes », c'est la forme de pluriel qui convient pour ce terme du vocabulaire des mariniers, qui désigne depuis le XIXe siècle les bateaux qui permettent de transporter les produits de dragage (vase, sable) loin des côtes. Par référence plaisante à ces bateaux nettoyeurs, la formule sert à qualifier dans la langue familière courante, dès le début du XIXe siècle, une femme malpropre, peu soignée, désordonnée. À quoi est venue s'ajouter la nuance argotique de femme débauchée, qui donne son sens à l'expression telle qu'on l'emploie aujourd'hui encore. Vers la fin du XXe siècle, on a même commencé à boire la « marie-salope », laquelle, si vous la commandez au comptoir d'un café, vous sera apportée sous la forme d'une vodka-jus de tomate !

« Une seule fesse de l'Adèle, ça fait largement les deux de la Marie-salope du haut bourg, et les fins connaisseurs restent fidèles aux appas de l'Adèle, bien que le pelotage n'aille jamais jusqu'à lui manquer de respect. » Gabriel Chevallier, *Clochemerle*, 1934.

UNE MARIE-COUCHE-TOI-LÀ. Peut-être par référence implicite à Marie de Magdala, ou Marie-Madeleine, la prostituée sauvée par Jésus, l'expression, apparue dans le langage populaire au XVIIIe siècle, désigne une femme facile. « Trop facile », complète Delvau pour expliquer cette formule où l'ordre intimé à une fille toujours prête à se donner est devenu l'étiquette accolée à son prénom. C'est également ainsi qu'étaient nommées, en argot militaire, les prostituées « rôdeuses de caserne », qui recevaient aussi, à partir du début du XXe siècle, l'appellation de **MARIE PATTES-EN-L'AIR.**

« Elle vivait de petits travaux, mais en réalité elle couchait. C'était la Marie-couche-toi-là de Monteux. » Michel Tournier, *Le Médianoche amoureux*, 1989.

UNE MARIE-PIQUE-REMPART. Petite sœur de la Marie-couche-toi-là, la Marie-pique-rempart, apparue vers la fin du XIXe siècle, est le surnom attribué aux prostituées qui rôdaient la nuit sur les remparts, offrant leurs services aux soldats en garnison.

UNE MARIE-SAC-AU-DOS. Celle-ci appartient également au vocabulaire militaire de la fin du XIXe siècle, et qualifie une femme toujours prête, comme l'étaient les soldats qui campaient dans la cour de la caserne, sac au dos, attendant l'ordre de départ pour lever le camp.

UNE MARIE GRAILLON. Populaire au XIXe siècle, cette formule fait un peu doublon avec la Marie-salope, puisqu'elle désigne également une femme malpropre, souillon, dégageant de surcroît dans son sillage une odeur de graisse brûlée !

UNE MARIE-PISSE-TROIS-GOUTTES. Relevée dans l'argot de la deuxième moitié du XXe siècle, cette expression s'emploie pour désigner une fille dont l'âge est proportionnel à l'urine qu'elle est en mesure de produire, soit une très jeune fille.

UNE MARIE-TORCHON. Comme la précédente, cette Marie-là date du XXe siècle et s'utilise pour qualifier une petite fille malpropre, sorte de version junior de la « Marie graillon. »

UNE MARIE MOUVETTE. Tel est le surnom dont se voyait gratifiée, dès le début du XIXe siècle, une petite fille qui ne tenait pas en place, turbulente.

UNE MARIE JACASSE. Apparu au même moment que le précédent, ce sobriquet s'appliquait à une petite fille très bavarde, une commère en herbe.

UNE MARIE JORDONNE. Encore une expression réservée au jeune âge, puisqu'on l'employait vers la fin du

XIXe siècle pour qualifier une petite fille qui, à l'école, voulait faire la loi sur toutes ses camarades, ainsi que l'explique Rigaud.

UNE MARIE-BON-BEC. Tiendrait-on enfin là une expression de nature positive ? s'illusionne-t-on un instant au vu de ce « bon bec ». Mais on revient bien vite à la réalité : si ce bec est dit « bon », c'est parce qu'il fonctionne à plein pour servir cette bavarde invétérée, cette commère caqueteuse !

« – Dis donc, Marie-bon-bec, ne fais pas ta gueule ! cria Coupeau. Tu sais, à Chaillot les rabat-joie !... qu'est-ce que tu veux boire ? » Émile Zola, *L'Assommoir*, 1877.

MARIE QUATRE LANGUES. Et il n'est pas non plus question avec celle-ci d'aptitudes polyglottes, comme on l'a déjà compris, ces « quatre langues » qui lui sont prêtées n'étant que l'attribut d'une incorrigible bavarde, qui se régale à divulguer les secrets qu'on lui confie et à dire pis que pendre de ses connaissances.

UNE MARIE BERDASSE ou « **MARIE BREDASSE** », puisque les deux formes étaient encore attestées vers le milieu du XXe siècle dans l'ouest de la France et au Canada, comme le note Rat. « Bredasser ou berdasser », c'est à la fois bredouiller et jacasser, aussi l'expression s'appliquait-elle à une femme bavarde qui parle un peu à tort et à travers, et se mêle de tout.

« Assez, assez !
Tu finis par me les glacer,
Marie Berdasse, assez ! »

Guy Béart, *Assez (Marie Berdasse)*, 1978.

CE SONT DES CONTES À MARIE LA COQUE. Une « Marie la Coque » étant, comme l'explique d'Hautel au début du XIXe siècle, un terme injurieux pour une « femme indiscrète et de mauvaises mœurs », une « causeuse qui néglige les affaires de son ménage », la formule s'employait pour qualifier des racontars et des commérages sans fondement.

UNE MARIE CHIFFON. C'est le surnom donné au XIXe siècle à une femme coquette et vaine, qui met son grain de sel partout et parle sans réfléchir.

UNE MARIE GROGNON. Ainsi appelait-on populairement au XIXe siècle une femme, ou une jeune fille, qui avait des sautes d'humeur ou faisait la boudeuse.

FAIRE SA MARIE-JE-M'EMBÊTE. Cette expression, attestée dans la deuxième partie du XIXe siècle, désigne une jeune femme qui minaude et se fait prier, nous assurent les commentateurs (tous masculins).

« – Ah ! çà, voyons, dit Anatole, quand tu resteras là à faire ta Marie-je-m'embête, ça n'avancera à rien. Venez-vous, oui ou non ? » Joris-Karl Huysmans, *Les Sœurs Vatard*, 1879.

UNE MARIE TRACAS. Attribué aussi bien à une petite fille qu'à une femme, ce surnom raillait au XIXe siècle une personne agitée, entêtée, toujours prête à se mêler de tout.

UNE MARIE-GERCÉE. Féru d'argot, le chanteur Pierre Perret répertorie l'expression, dans son *Petit Perret illustré par* *l'exemple* (1982), avec le sens de « fille maniérée », comme si la répétition de poses non naturelles, de gestes et d'expressions trop étudiés avait pour effet, à la longue, d'abîmer une jeune fille en la fendillant et la crevassant comme le feraient un coup de gel ou une sécheresse intense !

BIBLIOGRAPHIE

Bernet, Ch. et Rézeau P. : *On va le dire comme ça, dictionnaire des expressions quotidiennes*, 2008

Cellard, J. et Rey, A. : *Dictionnaire du français non conventionnel*, 1991

Colin, J.-P. *et al.* : *Dictionnaire de l'argot français et de ses origines*, 1990

Delvau, A. : *Dictionnaire de la langue verte*, 1867

D'Hautel : *Dictionnaire du bas langage, ou des manières de parler usitées parmi le peuple*, 1808

Duneton, Cl. : *La Puce à l'oreille*, 1978
Le Bouquet des expressions imagées, 1990

Esnault, G. : *Dictionnaire historique des argots français*, 1965

Furetière, A. : *Dictionnaire universel*, 1690

La Mésangère, P.A. de : *Dictionnaire des proverbes français*, 1821

Larchey, L. : *Dictionnaire de l'argot parisien*, 1872

Le Gai, H. : *Encyclopédie des proverbes français*, 1852

Le Roux de Lincy, M. : *Le Livre des proverbes français*, 1842

Littré, E. : *Dictionnaire de la langue française*, 1872-1877

Merle, P. : *Dictionnaire du français branché*, 1986

Oudin, A. : *Curiositez françoises*, 1640

Quitard, P.-M. : *Dictionnaire des proverbes*, 1842

Rat, M. : *Dictionnaire des expressions et locutions traditionnelles*, 1957

Rey, A. et Chantreau, S. : *Dictionnaire des expressions et locutions figurées*, 1979

Rigaud, L. : *Dictionnaire d'argot moderne*, 1888.

TABLE DES EXPRESSIONS